MÄDELSDÄMMERUNG

Mehr über die Autorin:

http://about.me/freyafrauenknecht

MÄDELSDÄMMERUNG
Wir brauchen Veränderung.

Essays

FREYA FRAUENKNECHT

kulturverlag.com

München

Copyright © 2011 Internationaler Kulturverlag München
Originalausgabe 2011
Gedruckte Ausgabe 2012

Gestaltung: kulturverlag.com, München

ISBN 978-3-943237-12-2

*Für meinen Anderl,
weil ich so sein kann, wie ich bin.*

PERSÖNLICHES VORWORT

Sie halten einen Strauß wahrer Begebenheiten in Ihren Händen. Manches mag konstruiert wirken, aber wie Sie wissen, schreibt das Leben die besten Geschichten. Falls Sie der eine oder andere Absatz entsetzt, können Sie davon ausgehen, dass ich nicht minder ergriffen war.

Zunächst habe ich begonnen, Erlebtes und Erzähltes aus Freude aufzuschreiben, doch schon bald konnte ich nicht mehr damit aufhören. Es hat mir die Augen geöffnet für viele weitere Geschichten, die sich tagtäglich um uns herum abspielen.

Ich wünsche Ihnen viel Vergnügen beim Durchstöbern der Welt Ihrer

Freya Frauenknecht

INHALT

Auf geht's	1
Vielen Dank auch	3
Was die Oma schon immer wollte	13
Oh shit – schon wider Mädelsabend?!	21
Single – Ausschluss aus der Society	41
Was ist da nur schief gelaufen?	47
Kochen und putzen mit Glitzer & Glamour	61
Die Hodenlosen & der Babygeruch der Frau	67
Kinder?! Warum Frauen Hunde haben	75
Die Zeit läuft! Alleinerziehende	81
Junger Liebhaber – der auch Papi sein mag	89
Junggesellinnenabschied	95
Der Nestbau und die Babynamen	101
Mann-bleibt-zu Haus-Graus	109
Und, wo haben Sie sich kennengelernt?	113
Beeinflussbar ohne Ende!	121
Individualisten auf dem Vormarsch?	129
Mädels seid ihr schon?	137
Warum seid ihr getrieben?	143
Der lahmende Hengst	149
Das Konsumkind	157
Über die Autorin	165

AUF GEHT'S

Angesichts der Zwickmühle, in der sich Männer und Frauen heute befinden, empfand ich es als essenziell, die ganze Misere knallhart auf den Tisch zu packen.

Man muss es nicht gut finden, darum geht es nicht. Es reicht völlig aus, sich einige Punkte unseres gestylten Lebens bewusst zu machen.

Noch nie ging es uns besser. Wir schwimmen im Luxus, können unsere Zeit frei gestalten. Uns steht alles offen – vermeintlich.

Noch nie waren wir so unzufrieden. Noch nie waren junge Frauen so angepasst. Noch nie waren wir so unter Druck. Wir schlagen und diskriminieren unsere Männer und verwandeln uns in Monster – Stop – in the name of love – die meisten Herzen sind bereits gebrochen!

Los ändern Sie es! Fangen wir an!

Freya Frauenknecht

VIELEN DANK AUCH

Danke. Großartig. Toll. Prima. Werft die BHs ins Feuer und alles wird gut! So einseitig habt ihr Revoluzzerinnen uns befreit – super! Und uns jetzt aber ganz schön im Regen stehen lassen! Und zwar uns alle! Männer wie Frauen, Eltern wie Kinder und Schulen wie Firmen. Herzlichen Glückwunsch! Zweifellos ist vieles besser als früher. Trotzdem habt ihr an einiges nicht gedacht.

Die Emanzipation brachte alles ins Wanken. Wie verteilen sich heute die Rollen? Warum hält keine Beziehung mehr? Gut, die unverbindliche Mal ausgenommen. Warum verlassen wir uns nicht mehr aufeinander? Weshalb ist die Frau der neue Mann?

Keiner hat uns gefragt, ob wir das so wollen. Abgesehen davon, warum geben die Männer bereitwillig alles auf? Schon jetzt scheint ihr Geschlechtsorgan das einzige Alleinstellungsmerkmal geworden zu sein.

Sicher, auch ich erinnere mich an die Ausschweifungen meiner Großmutter. Klar, ich habe keine Lust mein Haushaltsgeld abgezählt zu bekommen. Ich möchte auch die Entscheidungen meines Partners nicht einfach so hinnehmen müssen. Doch schon hier stellt sich ein großes Hindernis in den Weg, das die Damen von einst nicht mit einkalkuliert haben: ihre verzogenen und selbst produzierten hodenlosen Söhne.

Schon vorweg die kleine Information, die die meisten Frauen schon lange verinnerlichen mussten, die Männer von damals sind so gut wie ausgestorben. Ein paar Urgesteine laufen noch herum – Beziehungswillige – ich rate eingehend zum sofortigen Zupacken und nicht mehr los lassen! Was Besseres kann da nicht mehr kommen! Schnappt euch die letzten Ihrer Art und vermehrt euch! Wir brauchen mehr Testosteron.

Die Emanzipation war nötig, kein Thema. Ich bin dankbar, für alle Verbesserungen, die uns Frauen zugutegekommen sind. Wir sind rechtlich gleichberechtigt. Dürfen, bzw. müssen für uns und eventuelle Kinder sorgen. Weiter entscheiden wir über Art und Dauer der Beziehung. Wir können unser Leben leben und grundsätzlich stehen uns, in der Theorie, alle Wege offen.

Dennoch ist nicht alles Gold, was glänzt. Wir beobachten, dass der Posten der Mutter seit Längerem nicht mehr en vogue ist. Dazu kommt, dass die Powerfrau, sofern die sich dann mal mit jungen 48 Jahren dazu entschließt, das eingefrorene Sperma des tollen Typen mit dem Premium-Erbgut von damals (Vater: High End Imperator - Mutter: 1A-Body, faltenlos und Kleidergröße Zero, trotz Körpergröße von 1,78! – und dann noch so was von einer spitzen Spirituellen!) zu nutzen, gesellschaftlich absolut außen vor ist, dass keine Zweite aus ihrem Umfeld sich zu so einer Dummheit entschließen mag.

Dann gibt es das andere Extrem. Die Frau, die einen exzellenten Beitrag leistet in der Wirtschaft oder in der Forschung und sich dann, nach vollendeter Familiengestaltung, dazu entschließt, alles aufzugeben.

Tja, so sehen es die Männer gerne. Doch Fakt ist, dass es hier an Kinderbetreuung, Arbeitszeitmodellen der Arbeitgeber und Toleranz in der Gesellschaft mangelt. Und genau in diesem Moment passiert das, wovor wir alle richtig Angst haben.

Wir bekommen vom Unternehmen, für das wir uns förmlich abgerackert haben, um uns selbst zu verwirklichen, keine innovativen und praktikablen Lösungen geliefert.

Hier ein Beispiel: » Frau Maier, als Leistungsträgerin möchten Sie unbedingt im Haus behalten! Wir bieten

Ihnen daher an, nach dem Mutterschutz den asiatischen Markt zu übernehmen. Ihre Familie ist doch sicher bereit, mit Ihnen nach Singapur zu gehen!« ... »Ach, Sie haben Bedenken?« ... »Do-o-och, Kinderbetreuung wird dort zweisprachig angeboten. Und für Ihren Gatten wird sich auch ein Posten finden!« ... »Ach, Sie hätten am Anfang gerne halbtags gearbeitet? Hier bei uns?!« – STILLE – »Ja-a-a-a, Frau Maier, wenn das so-o-o ist, dann ... « – PAUSE – »Dann hätten wir die Möglichkeit Sie am Empfang weiter zu beschäftigen« ... »Ja, genau, ohne Telefondienst, nur als ‚Greeter' sozusagen.«

So oder so ähnlich läuft es in der Realität ab. Ärgerlich ist, dass Herr Unterholz von der Abteilung vis-à-vis dann urplötzlich den Posten von Frau Maier belegt. Herr Unterholz bezieht dann auch noch eine attraktivere Vergütung. Weiter erhält er dann noch den Dienstwagen, den Frau Maier sich immer gewünscht und aus dummer Bescheidenheit nie gefordert hatte. Selbstredend werden für Herrn Unterholz nun auch zwei statt der einen Assistentenstelle besetzt.

Seltsam. Aber genau so passiert es. Fachlich mehr drauf und auch menschlich besser aufgestellt sind nicht selten die Frauen. Trotzdem werden sie am Zenit ihrer beruflichen Karriere oft von den unterlegenen Büroschlaffies überholt.

Diese Sesselpupser verfügen immer noch über mehr Sitzfleisch, das ihnen hilft, einfach auf den richtigen Moment zu warten. Zur Not wird die Kollegin mit irgendjemandem aus dem Bekanntenkreis verkuppelt. Bisher war auf die innere Uhr der Damen auch noch oft Verlass. Ob dieses Konzept allerdings auch weiterhin so erfolgreich für die Business-Herren aufgeht, bleibt fraglich.

Immer mehr Frauen schließen das Lebensmodell Familie grundsätzlich für sich aus. Manche bekommen noch Kinder, haben aber schon von Anfang an Kinderfrauen oder Au-pair-Mädchen, die es ihnen ermöglichen lückenlos ihren Beruf ausüben zu können. Hier mangelt es bei Leibe nicht an prominenten Damen, die dieses Konzept praktizieren. Eine andere Möglichkeit steht oftmals nicht zur Debatte.

Erschwerend hinzu kommt, dass Frauen für Männer grundsätzlich keine akzeptablen Mitstreiter im Beruf darstellen. Männer messen ihren Erfolg anders als Frauen. Während Sie sich das Lifting, die Mode-Klassiker und den Traum vom Wohnen im Grünen bzw. mit großem Ankleidezimmer und Parkservice ermöglicht, schlägt er beim Sportwagen, der Uhr, dem Mega-Grill und dem Segeltrip zu. Nebenbei hat er jährlich wechselndes Golfequipment, das farblich zum Haserl Mitte 20 matcht. Männer unterhalten sich gerne über diese Dinge am Pissoir oder beispielsweise beim gemeinsamen Besuch auf der Reeperbahn.

Meine Damen, und wenn Sie mir jetzt innerlich hart widersprechen, ihr Partner habe zwar erstere Erkennungszeichen der Leistungselite kürzlich oder schon seit Langem in seinem Besitz, würde aber niemals einen Fuß ins Rotlicht setzten, so muss ich Sie jetzt aufs Bitterste enttäuschen.

Das sind die kleinen Unterschiede. Frauen wollen es nicht wahr haben. Männer tun es und vergleichen sich selbst noch im Etablissement. Und wir Frauen? Wir haben dort nichts zu suchen. Seien Sie nicht erschüttert meine Damen, schließlich ist das einer der wenigen Orte, die ‚ihm' noch geblieben sind. Rütteln wir besser nicht daran.

Nun zu den Damen. Die weibliche Gesellschaft kann durchaus wie folgt unterteilt werden: in einen egomanen Haufen kinderloser, erlebnishungriger Globetrotterinnen auf der Suche nach dem VERsorger. Und die Damen über 50, die ebenso egoman erlebnishungrig zusätzlich karrierefixiert sowie in der Welt zu Hause sind und auf der Suche nach dem BEsorger. Hier eine dringende Anmerkung, die unbedingt mitgeteilt werden muss für alle unter 50: Achtung Erkenntnis: Der VERsorger-Typ ist ausgestorben – daher rasche Alternativlösung nötig!

Gesellschaftsübergreifend sind materielle und sexuelle Bedürfnisbefriedigungen gefragt. Bloß keine Verantwortung. Bloß keine nachhaltigen Schädigungen für den Körper. Bloß nichts zusammen, alles geregelt – kein Risiko. Und bloß keine Beziehung!

Sicher, wir können ja mal essen gehen … ja klar, Wochenendtrip, ok – mehr?! … Was tut man nicht alles für die eigene Familie! Los, lasset uns Opfer bringen. Die Frauen geben in diesem raren Fall erst ihre vermeintliche Freiheit auf.

Diese beinhaltet i. d. R. so grandiose Dinge wie Mädelsabende, Shopping-Eskapaden, sinnlose Disconächte, ermüdende Pärchen-Einladungen oder das Abhängen in der Dauerschleife ‚Studenten-Party-Revival'. Natürlich bietet sich der Fitness-Klub oder das Edelcafé genauso gut an, die nutzlose Zeit zu verplempern. Während die Vielzahl der Männer letztere Veranstaltungen, gepaart mit Fußball, Clubbing oder Gokart, gerne jede freie Minute ihres Lebens ausüben würden, geben es die Damen oft nur vor.

Sicher, genau jetzt werden viele Leserinnen das Buch verachten – doch diese Wahrheit muss raus! Mädels, gebt es zu – was bleibt denn noch, wenn alle cocoonen?

Die Pärchen sind zu Hause und kochen, bzw. fressen sich gemeinsam fett, sodass sie bis zum bitteren Ende zusammenbleiben müssen, weil sich bei dieser Optik ohnehin kein anderer mehr findet. Und die Singles treffen sich in diversen Happy-Hour-Hotspots, beim – Achtung! – Discofox oder Salsakurs. Gerne auch mal online im Netz, denn da kann man mehr vorgeben, und träumen vom ‚Mr. Right'. Der Moment des ‚Hosen-runter-Lassens' folgt dann meist erst später. Wobei es manchen ja nur um die wörtlich zu nehmende Ausübung geht.

Um Himmels willen! – Ist denn das nicht alles furchtbar ernüchternd? Und da stehen wir nun nach der Emanzipation. Im Grunde hat sich innerlich fast nichts geändert.

Klar, das liegt wohl an dieser Evolution. Frauen wollen fast immer Kinder, einen Versorger, ein Heim. Und Männer wollen Ansehen, Sex und Macht.

Mädels, warum ist es denn nur so schwer, sich darüber mit den Jungs einig zu werden? Sicher ist es toll eigenständig zu sein, und es ist auch nichts gegen eine beruflich erfolgreiche Frau einzuwenden. Es ist sogar sehr zu befürworten. Sicher sehen das auch Männer so, denn angeblich sind diese Damen ausgeglichener und mit sich selbst besser im Lot.

Und trotzdem bekommen die Herren noch eine auf den Deckel. Lasst uns wieder Frauen sein! Warum hofiert ihr uns nicht mehr? Habt keine Angst vor uns, wir freuen uns über Anerkennung! Mittlerweile halten wir Frauen nämlich männlichen Kollegen die Türen auf, und helfen Ihnen ins Jackett. Das hat wirklich etwas von Verrohung und Aufgabe der eigenen Kultur. Der Verlust solcher Umgangsformen ist ein unwiederbringlicher Schatz, der leider verloren gegangen ist damals, als die Frauen aufhörten BHs zu tragen, und ihre Sexualität entdeckten.

Sicher, das war gut und wichtig, nur haben wir so eine ganze Nation und eine gesamte Gesellschaft umgekehrt. Sind wir so zukunftsfähig? Bleibt die Gesellschaft so stabil? Angesichts des demografischen Wandels ist eine solche Gesellschaftsstruktur wohl kaum dienlich. Schade eigentlich. Weniger radikal wäre gut.

Freya Frauenknecht

WAS DIE OMA SCHON IMMER WOLLTE

Ich hatte, wie die meisten von uns, zwei bezaubernde Omas. Noch dazu hatte ich das Glück auch noch beide kennenzulernen. Vom Typ her hätten sie kaum unterschiedlicher sein können.

Die eine war ganz Dame aus der Stadt mit obligatorischem Ausgeh-Hut. Sie siezte selbst engste Freunde und war stets stolz und zurückhaltend. Sie lebte in Gehorsam und ordnete sich meinem Großvater unter. Sie war Hausfrau und Mutter und achtete penibelst auf die Außenwirkung der Familie.

Die andere Oma war nur unwesentlich jünger, und trotzdem ein völlig anderer Typ. Als Geschäftsfrau war sie mit ihrem Mann immer auf Augenhöhe. Unternehmenssinn und Fleiß, gepaart mit Strategie und Lokalpolitik waren der Dooropener. Unterschiedliche Prägungen. Trotzdem galt für beide Frauen Gleiches. Obligatorisch war es bei der Familie und dem Mann zu bleiben, und zwar wirklich in guten wie in schlechten Zeiten. Die Ehe galt und hatte Gewicht. Jung haben die Frauen damals geheiratet und Kinder bekommen. Für viele war dann der Spaß vorbei, wie es immer so heißt. Allerdings verwenden diesen Ausdruck ja heute vorwiegend die Männer.

Unsere Omas predigten daher immer gebetsmühlenartig Folgendes: »Kind, schau, dass du immer auf eigenen Beinen stehst. Mach dich ja niemals abhängig von so einem Mannsbild.« Oder sie gaben Weisheiten preis: »Darum prüfe, wer sich ewig bindet, ob sich nicht noch was Besseres findet!« Auch: »Verkauf dich nicht unter Wert!« Und: »Das Wichtigste ist, dass du das machst, was dir am Herzen liegt.« Ach ja und: »Wenn du einen kennenlernst wäre es schon gut, wenn er was mitbringt, dann lebt es sich einfach leichter!« Spezieller und vor allem in ländlichen Regionen üblich ist: »Liebe vergeht, Hektar besteht« oder auch »Du, wie viele Stallfenster waren das noch mal?«

Und obwohl ich wirklich fast alle Sätze beachtet habe, oder vielleicht auch gerade deshalb, bin ich heute schon wieder geschieden.

Meine Omas hatten Träume, viele wahrscheinlich. Sie machten keine Weltreisen, wussten, dass das Leben hart und entbehrungsreich sein kann, und wünschten uns Enkeln nur das Beste. Sie unterstützen uns. Wir hatten genug Zeit für die Schule und unsere Ausbildung. Die Auslandsaufenthalte sind ja mittlerweile nicht mehr großartig der Rede wert.

Naja, und trotzdem scheint die Rechnung nicht aufzugehen. Alles hab ich beachtet, ehrlich Oma! Ich hab mein Leben genossen, schon als Teenager mein eigenes Geld verdient, hab Sport gemacht, wenig Süßes gegessen. Hab auf meinen Körper geachtet – sogar das Rauchen hab ich sein lassen – mich gut verkauft und eine super Ausbildung absolviert. Der Berufseinstieg hat auch geklappt – Yes! Und trotzdem fallen die Früchte nicht einfach so vom Himmel.

Der Haken: Die Zeiten haben sich geändert. Für unsere Omas war es echt easy vom gemütlichen Ohrensessel aus alte Sprüche und Binsenweisheiten los zu lassen, die heute mehr als fragwürdig erscheinen. Aus Großmutters Sicht standen uns die Türen weltweit sperrangelweit offen! Nur nichts anbrennen lassen – »Lass das Mädel nur machen!«

Sorry Oma, aber so einfach ist es wahrlich nicht! Ihr konntet eure Kids sorgenfrei aufziehen, ihr hattet ein zu Hause, einen Mann, der bei euch geblieben ist. Das sind tolle Sachen, die zugegebenermaßen langweilen können. Trotzdem eine tolle Basis. Ihr dachtet wir befänden uns im Paradies: Eigenes Einkommen tolle berufliche Chancen – jeder Typ rennt uns sicher nach – und dann auch noch diese medizinischen Möglichkeiten! »Mädel, wenn es nicht sein muss, brauchst du dir ja auch keinen Mann antun, das würde ich mir gründlich überlegen!« Na super! Und warum läuft es jetzt doch nicht rund bei uns?

Ich lege meine Hand ins Feuer, dass Sie, werte Damen, auch zahlreiche Glaubenssätze der Mütter und Großmütter wie aus der Pistole geschossen aufsagen könnten. Mittlerweile hab ich ja in Selbsthilfebüchern gelesen, wie Sie vermutlich auch – da brauchen Sie sich wirklich überhaupt nichts denken, denn damit liegen wir nämlich alle voll im Trend – dass man sich diese Sprüche aus dem Kopf schlagen soll – lauter Humbug! Setzt einen tierisch unter Druck sagen die Gurus. Lieber frei sein und glücklich sein dürfen, auch ohne Top-Verdiener an der Seite, die Kinder lassen wir jetzt thematisch mal lieber ganz außer Acht.

Ach liebe Omas dieser Welt, nein, es ist nicht einfach, eure Erwartungen zu erfüllen. Ich habe trotz meines akademischen Grades noch keine Patente eingereicht. Nobelpreis – Fehlanzeige. Mein Jahreseinkommen birgt in meinen Augen auch noch viel Potenzial, d. h., es lohnt sich für mich noch nicht nach Luxemburg zu ziehen – aber die Hoffnung stirbt zuletzt!

Zum Glück habt ihr, liebe Omas, unseren Müttern auch ordentlich Flöhe ins Ohr gesetzt. Daher dürfen wir heute die Träume unserer Mamas verwirklichen. Zum Ausdruck kommt dies darin, dass keiner der mitgebrachten Hanseln in euren Augen zum Bund der Ehe taugt. Wir immer noch erfolgreicher im Job sein müssen. Höher, schneller, weiter – permanent. Die Betreuung von Kunden und Zulieferern von drei Kontinenten für den Maschinenbauriesen lockt mittlerweile niemanden mehr hinterm Ofen hervor, denn das macht die Bauer Antonia ja sogar schon – na prima! Und wir Töchter spielen auch noch brav mit, indem wir uns täglich den Arsch aufreißen, um immer tollere Storys zu liefern für eure wöchentlichen ‚Ich-wär-schon-so-gern-Oma-Treffen'.

Ich bin gerade dabei, mir das abzugewöhnen. Habe gemerkt, dass ich das Leben gelebt habe, das sowohl Omas als auch Mamas gern gelebt hätten. Mit dem Unterschied, dass alle Parteien sich niemals hätten vorstellen können, wie beschissen das auch nur im Ansatz war. Merci bien!

Dank zahlreicher Bücher aus dem Segment ‚Lebenshilfe' oder später ‚Psychologie', stundenlangen Autofahrten mit spirituellen Audio-CDs, verabschiedete ich mich von diesem ganzen Mist.

Mütter dieser Welt lasst eure Töchter Frauen sein, und kümmert euch darum, dass sie mit sich selbst zufrieden sind, anstatt sie für alles in Haftung zu nehmen. Drückt keinem die Verantwortung für euer Leben auf, und vor allem tut nicht immer so, als hättet ihr die Hölle auf Erden. In Wahrheit sehnen wir uns nach der heilen Welt, die ihr nie wolltet, und aus der ihr uns geschmissen habt.

Ihr habt die Männer verweichlicht, wolltet ihnen die Macht, die sie auf eure Mütter ausübten entreißen. Herzlichen Glückwunsch – mit Bravour gelungen! Keine von euch würde mit so einem leben wollen, aber danke, dass ihr sie uns lasst! Großartig!

Und so schließt sich der Kreis: Oma wollte Unabhängigkeit. Dementsprechend erzog sie ihre Kinder. Diese wollten Unabhängigkeit (d. h., der Mann hat einen 50-Stunden-Job und das ist mehr als ok), eigenes Geld, tolles Scheidungsrecht, Kinder, Umweltschutz, Sicherheit, kein Establishment. Naja, dann kamen wir.

Wir sind nun erstmals so unabhängig, dass wir so dermaßen auf uns gestellt sind, dass wir Männer mittlerweile völlig aus dem Lebenskonzept ausgeschlossen haben – oder wart ihr das? Wir sind so was von weltläufig, dass wir sechs Wohnsitze auf drei Kontinenten haben, sprechen viele Sprachen aber vermitteln vor lauter Diplomatie keinen Inhalt mehr, und verhandeln härter als jeder Knochenbrecher-Kurt. Für die Umwelt haben viele von uns das Rauchen aufgehört, veranstalten Video-Konferenzen via web2.0 und essen fast nichts mehr wegen der CO_2-Bilanz.

Sind wir dann hammerwichtig und Mitte 40, fragt ihr uns, ob ihr euch jetzt einen neuen Hund zulegen sollt, nachdem der erste Ruhestandsbegleiter im Garten vergraben ist. Schließlich haben ja alle im Freundeskreis jetzt schon mindestens vier Enkel … Irgendwas Kleines wär doch so nett …

Ich denke noch wie heute daran: »Kind, werde ja nicht schwanger!« Tja, zu spät. Alle Männer waren nicht gut genug. Der, der genehm war, war der Vollpfosten des Jahrtausends. Und dann verging mir auch die Lust.

C´est la vie! Und das Leben ist kein Kinofilm. Und trotzdem war früher nicht alles besser. Heute ist es nur selbst verschuldet.

Freya Frauenknecht

OH SHIT - SCHON WIEDER MÄDELSABEND?!

Ich weiß ja nicht, wie das bei Ihnen so läuft. Vermutlich ähnlich. Eine Art Jour fixe, jeden Donnerstag oder auch jeden Mittwoch. Befinden wir uns ausnahmsweise in Partnerschaften, dann in der Regel an den Fußball-Tagen, treffen wir uns. Wir, die Damen.

Wir satteln die Hühner, stylen uns auf, schminken uns atemberaubend. Glänzen mit neuen It-bags, den Schuhen der Saison und, und, und ... Sie entdecken sich – stimmt's? Viele von Ihnen denken sicher, sie hätten in diesen Runden die wahren Begleiter fürs Leben gefunden, richtig? Genau! Weil die Männer kommen und gehen – die Freundinnen bleiben. Mhm, genau. Alles klar! Komisch, oder?

Schauderhaft – wirklich! Zum Schreien und Davonlaufen. Immer die gleichen Themen. Immer die gleichen Frauen. Alle Bars und Restaurants an diesen Tagen voll mit Frauen.

Sie hocken wie die Hexen am Tresen. Stecken die Köpfe zusammen. Beäugen die Konkurrenz (intern und extern). Freuen sich heimlich darüber, dass Nathalie einen breiten Hintern bekommen hat, seit sie Überstunden schieben muss. Sind schadenfroh, dass Biancas Nasen-OP misslungen ist. Aalen sich darin, dass Claudias Macker zwar finanziell gut aufgestellt ist, aber sonst schlecht performt. Des Weiteren gönnen sie es Pamela nicht, dass ihr Typ immer unterwegs ist, sodass sie auf sämtlichen Hochzeiten tanzen kann. Die Singles werden bejubelt. »Endlich stehst du zu dir. Lass dir nie wieder was vorschreiben. Ich wär ja auch so gern an deiner Stelle. Endlich wieder den Marktwert auschecken. Boa genieße das! Geil, daten, bis der Arzt kommt. Toll!«

Woher kommt diese Einstellung? Wie kommt es zu diesen bescheuerten Ratschlägen? Warum heißt es: »Ich möchte nur das Beste für dich, servier den Schlappschwanz ab! Der hat uns voll zu akzeptieren! Lass dir da ja nichts vorschreiben!«

Komisch nur, dass immer der eine Typ ‚ach-so-treue-Freundin', jeder sofort zur Trennung rät, die selbst schon eine Dekade mit dem gleichen ins Bett geht. Diese Gattung passt leider wirklich in eine Schublade – Mädels – das muss jetzt raus!

Mädelsdämmerung

Also da gibt's den Typ Dorothe. Dorothe sorgt dafür, dass sie und ihr Macker täglich essen gehen können. Klar zahlt sie die Miete und die Leasingraten für seinen Audi. Sie kleidet ihn ein, nimmt ihn überall mit hin. Gibt mit ihm an.

Dorothe: »Ja, der Georg, der ist jetzt dann bald fertig mit dem Studium, gell Schatzi?!« In Wahrheit fängt der Georgschatzi jedes Jahr ein neues Studium an, und wenn es ihm klar wird, dass er dafür wieder einmal den Arsch zu weit unten hat, macht er sich kurzzeitig ans Geld verdienen. Des Haussegens wegen. Er geht dann Kellnern – voll super, da flirtet er dann mit scharfen Miezen, die hier Mädelsabende abhalten. Oder er betätigt sich als Bademeister im Nobel-Seebad – total selbstlos, versteht sich. Er hilft Freunden aus und übernimmt die Schicht im Escortservice. Aber: Pssst! Das darf die Dorothe jetzt aber wirklich nicht wissen!

Georg hat kein festes Einkommen. Seine Mama weiß davon nichts. Vor ihr spielt er den Newcomer der Berchtesgadener Börse: »Klar haben die eine Börse, Mama, darfst der Nachbarin nicht alles glauben!« Dorothe bemüht sich in ihrer freien Zeit redlich darum den Schatzi in Dior zu hüllen – immer gibt es Salbeipasta – deshalb! ... Die kocht aber schon der Super-Georg ...

Jahre vergehen so. Er steht immer noch nicht auf eigenen Beinen. Er ist am Ende. Mittlerweile passt Dior nicht mehr, der Frustbauch ist im Weg. Mist. Nun müssen deutsche Designermodelle her. Er putzt die Bude Tag und Nacht für Dorothe. Schlüpft in die Hausfrauenrolle. Sex gibt's nur noch, wenn es sein muss, bzw. wenn er brav war, und die Wohnung strahlt. Sexuell war Georg noch nie so unattraktiv für seine Freundin.

Dorothe bleibt nur bei ihm, weil sie nicht alleine sein möchte. Um das alles auszuhalten, verdreht sie die Tatsachen. Dorothe ist unzufrieden, aber das sagt sie natürlich keinem. Sie stellt sich nach außen dar, wie die Göttin Venus höchstpersönlich. Dass ihr Langzeit-Schmarotzer-Super-Schatz ihr hart erarbeitetes Geld verjubelt und verzockt hat, kommt zufällig raus, und wird dann doch wieder vehement abgestritten. Dass er zu ‚clever' ist, um auch nur vier Wochen am Stück den gleichen Arbeitgeber zu haben – nee, ist klar, der ist einfach so ein Überflieger, der ist zu gut!

Uns Freundinnen verkauft sie ihn als den ultimativen Sexgott, der einmal ganz tolle Erfindungen machen wird. Nein, und einen besseren Partner gäbe es für sie nicht auf der Welt. Die Campingurlaube mache sie ja aus Überzeugung. Und im Übrigen müsse ja jemand die Umweltschäden kompensieren, die wir verursachen würden, mit unseren Luxustrips nach Hawaii und Bangkok.

Sie kauft sich ihren Schmuck selbst und gibt vor, dass Georg ihn ihr geschenkt hat. Dorothe hüllt sich in die Symbole weniger heißer, sondern materieller Liebe und gesteht, dass sie zwei Gummis fordert, um ihn in sich eindringen zu lassen. Das ist Liebe – in ihren Augen. Wenn das Liebe sein soll, muss ich aufrichtig zugeben, dass ich noch nie das Pech hatte, so zu lieben.

Uns hängt sie dann mit folgenden Hits in den Ohren: »Oh Wahnsinn, du tust mir ja echt leid mit deinem neuen Freund. Arbeitet der echt so viel? Wann unternehmt ihr denn dann mal was?« oder: »Was? Du hast dich von ihm echt auf den Sansibartrip einladen lassen? – Bist du käuflich! Pass ja auf, denn bald lässt der dich wieder fallen! Du brauchst einen echten Mann! Mein Georg ist der Tollste. Bald versorgt er uns (also, sie und ihr zukünftiges Baby). Sicher bleiben wir für immer zusammen, denk dran, die wahre Liebe kommt mit der Zeit.«

Alles klar, Dorothe. Wach auf und raube deinem Georg nicht weiter seine Männlichkeit! Lass ihn groß werden und kauf dir eine Katze!

Es ist gut, wenn Männer zum Haushaltseinkommen beitragen. Es ist großartig, wenn sie Verantwortung übernehmen, und es ist fabelhaft aber nicht zwingend, wenn sie uns mit kleinen Aufmerksamkeiten erheitern. Doch keiner hat gesagt, dass nur Brillanten glücklich machen. Keiner hat behauptet, dass er besser putzen können muss als die beste Hausfrau. Auch ist es grundsätzlich ratsam zu sich und seinem Leben zu stehen, als ein Leben zu leben, das von diversen Mädels-Magazinen, Klatschblättern und der Lifestyle-Presse diktiert wird.

Das andere Kaliber ist der Typ Jennifer. Sie ist kürzlich geheiratet worden. Seitdem hat sie eine Single-Allergie. Singles sind die größte Bedrohung! Sie rät jeder noch so Verzweifelten, an der momentanen Beziehung festzuhalten. Aus Eigennutz. Petra wird zwar von ihrem Freund geschlagen, aber immerhin hat sie einen. »Bewährtes bewahren«, das ist ihr Credo. Als Gattin hat sie dann die High Heels durch Ballerinas ersetzt. Hat nun den ‚Ü30-Kurzhaarschnitt‘, weil pflegeleicht. Schließlich hat sie ja jemanden gefunden, der zumindest bis zur Scheidung, bei ihr bleibt!

Hat sich vor der Hochzeit zum Hungerhaken gemacht und leidet seither blöderweise unter dem Jo-Jo-Effekt. Trotzdem hat sie in ihren Augen alles geschafft – Yeah! Und genau so sagt sie das auch. Alles ist immer prima. Alles ist perfekt und so harmonisch! Dennoch hat Jennifer Ängste. Große Ängste. Deshalb werden alle Singles großzügig aus dem engeren Umfeld eliminiert.

Treffen finden nur noch mit Paaren statt. Lange Urlaube werden so gestaltet. Wochenenden so verbracht. Immer treten die Vorzeige-Paare in Horden auf. Haben Sie es etwa noch nicht bemerkt?!

Alles wird gemeinsam geplant. Großartig. Beim Ausgehen sitzen die Frauen fast schon separat und abgeschottet in einem Teil des Raums. Die Männer sind draußen und rauchen, wahlweise starren sie in ihre Smartphones. Echt cool. Themen an diesen Abenden? Der Jemen als Reiseziel – Pro und Kontra. Investition in die Bulthaupküche – was ihr habt noch gar keine?! Ist der Golfurlaub nach Spanien schon fix? Ach was, man spielt nicht mehr Tennis? Wie hat euch der AIDA-Trip gefallen? Wann machen wir alle zusammen denn endlich den Tangokurs? Haltet euch fern von der Tanja, die haben sich getrennt! Wie funktioniert die neue Metabolic-Diät? Aha, gell, dein Carlo hat ganz schön zugelegt – super! Wann verkauft ihr denn den Sportwagen? Den braucht er ja jetzt echt nicht mehr …

Was die Themen der Herren betrifft, naja, ich möchte Sie jetzt nicht ernüchtern, die sind wie immer. Hast schon die Sarah im Ultra-Mini entdeckt? Hammer-Gerät die Frau! Welche Anleihen hältst du zurzeit im Depot? Sind wir denn schon wieder in der Wirtschaftskrise? Benutzt du eigentlich schon den neuen Driver? Ich hätte meinen Karren ja auch so gern matt, aber die Kathrin ist dagegen. Mir aber egal, bald ist sie eine

Woche auf der Beautyfarm und da hab ich schon einen Termin in der Werkstatt!

Nett, oder? Wie bereits erwähnt bin ich geschieden, und habe aus meiner Sicht großes Glück. Ich hatte die Gelegenheit in verschiedene Lebensphasen zu schlittern und einiges zu erleben. Und glauben Sie mir, was bin ich froh darüber.

Die gravierendsten Unterschiede des Typs Freundin hab ich gerade aufgezeigt. Jedoch wäre mir beinahe ein derzeit gefragtes Modell entwischt. Die Gattung männermordendes Monster. Sie sorgt in Damenrunden für blankes Entsetzen und wird hier unter dem Begriff ‚Schlampe' geführt. Sie ist immer da, wenn sich eine Beziehung in Luft auflöst, um hineinzustechen. Sie verfügt über gleichgeschlechtliche Erfahrungen, was Beziehungen aller Art angeht. Wickelt Männer mit diesen und auch mit fiktiven Storys um den Finger und wundert sich, dass ihr keiner auf Dauer beleibt. Daher hetzt sie gegen alles und gegen jeden. Sie duldet keine langen und gut funktionierenden Beziehungen. Schließlich schürt sie so Unzufriedenheit und Begierde.

Sie verkauft ihr Leben als Rock 'n' Roll. Keine Erwähnung finden die zahlreichen HIV-Tests und die Syphilis-Blamage beim Gynäkologen. Auch gibt sie vor, dass mit steigendem Alter ihre Aussichten auf ernst zu nehmende Begleiter fürs Leben steigen. Ständig spricht sie verheißungsvoll vom ‚zweiten Markt'. Möchte sich keinesfalls binden, denn bisher kam ja immer noch was Besseres nach.

Sie hat sich die Worte der vorherigen Generationen zu sehr zu Herzen genommen. Der steigende Grenznutzen wird daher beim Modell Schlampe negativ. Langfristig sieht man ihr die durchzechten Nächte an, mit Botox versucht sie gegenzusteuern. Sie sieht sich unabhängig und befreit. Hat ihren Travel-Dildo stets dabei. Braucht die Männer so wenig wie ein Fußballtrikot.

Doch irgendwann wird's eng. Ups! Mist! Alle um sie rum sind unter der Haube oder haben zumindest einen mehr oder weniger akzeptablen Deckel gefunden. Ausgehen alleine? Gut, das geht ab und an, aber Dauerlösung ist das doch keine!

Los geht's! Jetzt stachelt sie die bis dato glücklichen Paar-Damen an, endlich mal wieder auf die Kacke zu hauen. »Lass dich nicht einsperren daheim. Glaube nicht an die ‚drei K' (Kinder, Küche Kirche ... Hallo? Wo lebst du?!) und genieße deine Freiheit! Jede Henne in der Legebatterie habe schließlich mehr Auslauf – und das auch noch ohne so einen dämlichen Trottel im Schlepptau!«

Wir lassen uns breitschlagen. Nur einmal, der guten alten Zeiten wegen. Mit unserem Partner haben wir deshalb noch eine blöde und überflüssige Auseinandersetzung. Und ja, natürlich hat er mehr als recht. Zugeben können wir das jetzt nicht – das wäre ungünstig.

Wir treffen uns mit der Mamsell. Uns plagt ein schlechtes Gewissen unserem Partner gegenüber. Gut sei es drum. Die Mamsell checkt das genau. Sticht in die Wunde und bohrt … So viel Stress um nichts. »Nimm dein Leben selbst in die Hand. Soll er doch schauen, wo er bleibt.« … etc. Sie kennen das, oder?

Blöde Pute! Nur weil du jemanden zum Feiern brauchst und mich als Statistin benutzt, ist mein Partner noch immer mein Partner. Richte dir deinen Alltag ein, wie es dir passt – doch wundere dich ja nicht, wenn du irgendwann nur noch allein isst, und keiner mehr mit dir ausgehen möchte. Akzeptiere, dass es auch Leute gibt, die einfach gerne ganz normale Beziehungen haben. Mit Rechten und Pflichten. Mit gemeinsamer Freizeitgestaltung. Mit ehrlichem menschlichem Interesse. Das Leben kann jeder so genießen, wie er es mag.

Du konntest lange genug wählen. Als die Männer es nicht mehr brachten, gingst du zu den Frauen. Als sich herausstellte, dass auch diese nicht nur benutzt werden wollen, wolltest du die besetzten Männer haben. Die ganzen alten Nummern hast du durchtelefoniert – ohne

Erfolg – die waren alle auf dem ‚zweiten Markt' schon wieder ausverkauft – Too late, Chica!

Aber eins sag ich dir, komm jetzt nicht auf die Idee das Pferd von hinten aufzusatteln, und uns Frauen gegen unsere Männer aufzuhetzen! Das erledigen die Medien schon prima für dich! Überleg dir was Neues!

Nun zur jungen Mammi. Sie hat unendlich viel Zeit. Der Erzeuger des Balges ist entweder beruflich sehr engagiert oder nicht bekannt. In einigen Fällen hat er sich auch aus dem Staub gemacht.

Aus Platzgründen wird lediglich auf die Vorzeige-Mammi, die in der Paarbeziehung lebt, eingegangen. Sie ist ja so fleißig. Wahnsinn! Am Freitag kocht sie immer ihre Babynahrung vor – das macht sie für eine Woche im Voraus – schließlich ist sie dann flexibler. Ihr Baby schläft durch – klar! – Sie hat ja schließlich auch eine harmonische Beziehung und das wirkt sich aufs Kind aus.

Umkehrschluss: Ihr jammernden Weiber mit schreienden Bälgern, ihr seid selbst schuld an eurem Schicksal – bringt eure Beziehung wieder zum Laufen und das Schreien hat ein Ende!

Sie treibt unendlich viel Sport – deswegen hat sie statt des Bugaboo den MacLaren Renn-Kinderwagen mit den Outdoor-Spezial Reifen bekommen.

Zur Geburt gabs den ersten Solitär. Ab dem Zeitpunkt jährlich einen Armreif von Cartier. Alles aus der puren Dankbarkeit ihres Mannes für den Thronfolger. Sie arbeitet nebenbei – logo! So verliert sie ihre Unabhängigkeit nicht. Alles, was das Kind angeht, finanziert sie. Dafür übernimmt er später mal das schottische Internat und die englische Elite-Uni. »Momentan warten wir ja noch auf die Zusage des Waldorfkindergartens« und »Jaja, ich hab die Kleine ja schon in der Kinderkrippe angemeldet, als ich im dritten Monat schwanger war mit ihr«. Die Mammi ist top organisiert und immer wie aus dem Ei gepellt. Angesagt im ländlichen Raum ist der klassische Partnerlook Mammi-Baby, während die urbane Mutter an Coolness mit den Kids kaum mehr mithalten kann. Die Kleinen sind mittlerweile so lässig angezogen, dass man sie den Eltern kaum mehr zuordnen kann.

Nach der Geburt bekam Sie Unterstützung vom heißen Personal-Trainer aus Vorarlberg – oh ja, der hatte einiges drauf ... So schafft der Erzeuger heute Incentives. Schließlich ist es das Ergebnis, das zählt.

Sie repräsentiert die Familie wie keine andere, strahlt filmreifes Mutterglück aus. Zu kämpfen hat sie hin und wieder mit Langeweile, weil ja alle ‚dick Business‘ machen, um sie herum. Das hat sie aber mit Yoga in den Griff bekommen. Und zum Buggyfit kann das kleine Spatzerl natürlich mit. Ansonsten joggt sie täglich. Zweimal die Woche geht es zum Friseur – waschen, färben, stylen. Die Bauchstraffung war beim Kaiserschnitt kein Thema. Die Brust wird aber erst nach dem zweiten Kind vergrößert: »Muss ja genutzt werden, das Potenzial«.

Sie muss wirklich einiges auf sich nehmen, damit ihr der Partner bleibt, sagt sie. Sie erläutert dann ihre ganzen Tätigkeitsfelder – auch ohne Nachfrage. Die da wären: Mutter, Köchin, Haushälterin, Edelnutte, Stilexpertin, Small-Talk-Weltmeisterin, Profi-Familienmensch und Elternsprecherin in der Krabbelgruppe und beim Baby-Shiatsu. Noch dazu ist sie Familieneinkäuferin, Trösterin, und 20-Stunden-Juristin.

Neben dem Yoga und Joggen malt sie Aquarelle für das Haus, das sie bald beziehen werden. Vorausgesetzt, ihr Mann kommt diesbezüglich mal zu Potte. Sie kauft schon heute Gartenmöbel von Garpa und bereitet sich auf das Vorstadtleben vor. Dem Familien-SUV steht auch nichts mehr im Weg. Alles ist bestens geplant.

Mit ihrem Mann hat sie vereinbart, dass sie gegen die Zahlung eines netten Taschengeldes, bei Bedarf, das Arbeiten sein lassen würde. Doch vorerst zieht sie es vor, ihn damit unter Druck zu setzten, dass sie ja bisher sich und die Kleine komplett selbst finanziere, und er lediglich sein Essen, seinen Sprit, die Wohnung und die Elementarversicherung zu zahlen habe. Schließlich profitiere er ja am meisten von ihrem geilen Hintern und ihrem perfekten Aussehen sowie von der Bilderbuchbeziehung, wegen der er nicht zuletzt doch noch ins Top-Management befördert wurde. Perfect – a dream comes true.

Sagen Sie jetzt bloß, sie kennen solche Mammies nicht. Tatsächlich? Gut, dann sensibilisiere ich Sie. Also, das sind die Mütter, die mit ihren Säuglingen zum Shoppen nach New York City fliegen, um dort die Fifth Avenue rauf und runter zu wagen. Dort angekommen schotten sie das ‚Heilige Kind' – im Smog (!)– mit über den Kinderwagen gebeugtem Oberkörper vor dem Qualm böser und toxischer Raucher ab.

Vielleicht haben Sie sie auch schon im Supermarkt bemerkt, sie stellen den Angestellten immer ausgedehnte Fragen über die tatsächliche Nitrat-Belastung deutscher Bio-Karotten. Falls sie hin und wieder shoppen gehen, fern ab von den Designer-Meilen, erkennen sie die Hypermammmies an den Kinderwägen, die sie als Räumfahrzeuge missbrauchen, vorwiegend in spanischen oder schwedischen Textil-ketten. Sie telefonieren im Freien, meistens während sie ihre Nachkommen im Kinderwagen durch die Gegend fahren. Auf den Straßen lösen sie den Berufsverkehr ab, indem sie mit neuen und gepflegten Geländewägen die Zöglinge zu Ballett und Musikunterricht kutschieren. Sie verlangen sich und ihren Kindern einiges ab. Erreichen die Kinder dann das Übertrittsalter fürs Internat, wird die eigene Karriere weiterverfolgt. Männer sagt man, hätten Angst vor diesen zähen Wiedereinsteigerinnen.

Nun zur nächsten Dame, die Powerfrau. Sie verfolgt ihren beruflichen Weg und hegt keinen Familientisch. Partner sind für sie meist nur Accessoire. Sie hat Durchsetzungsvermögen, Charisma, einen Sportwagen, einen Assistenten, tolle und viele Pumps. Sie verwirklicht sich ihre Träume. Oft unterstützt sie ihre Eltern, unterhält die Familie des Bruders.

Männer geraten in Panik – halten sie für einen Mann. Sie hat harte Gesichtszüge. Hüllt sich in asexuelle Maßanzüge, jedoch macht sie nicht den Fehler der Berufseinsteigerinnen und wählt auf keinen Fall die Farbe ‚mausgrau'. Kräftige Farben! Webergrill! Penthouse-Wohnung! Dachterrasse! Dicke Uhr! Schwarze Amex! Alles meins!

Sie hat begriffen, dass das Wohnen im Grünen überbewertet wird, weiß Bescheid über ihre eigene Work-Life-Balance. Lässt sich verwöhnen. Datet ab und zu über Elitepartner oder Parship. Hat aber keine ernsten Absichten. Es geht nur um den Fun. Gegen Paare hat sie nichts, denn jeder ist seines eigenen Glückes Schmied. Sie gönnt sich allen Luxus der Erde. Und ist zufrieden. Ja! Ihr glaubt man das! Denn sie hat begriffen, was die Mammies sich vorher nicht überlegt haben: Karriere bedeutet einen riesen Zeitaufwand. Bedeutet belegte Wochenenden. Heißt immer unterwegs. Heißt oft erreichbar sein müssen. Bedeutet hart zu sein. Keine Kompromisse. Schnelle Entscheidungen. Zu sich stehen. Kurz: der Abschied vom Pippi-Mädchen.

Abschließend zur verführerischen Lady. Sie hat meist einen südamerikanischen Hintergrund. Ist dem Mann untertan. Trägt trotz Grippe scharfe Dessous und sieht dank Permanent-Make-up immer zum Anbeißen aus. Allzeit bereit. Keine Widerreden. Sie hat ein anderes Rollenempfinden im Blut.

Sie achtet ihren Partner, verachtet Emanzen. Trägt auf Wunsch des Sugardaddys selbst im verschneiten Dezember keinen Slip. Baggert wie wild und ist das Highlight eines jeden Herrenabends. Sie ist der Albtraum jeder Mitteleuropäerin und macht die Männer im Beisein ihrer Gattinnen an. Diese sind dann so perplex, dass sie auf dem Heimweg noch ihrer Frau mit der entzückend rassigen und hilflosen Schönheit in den Ohren liegen.

Sie haben nichts gegen Upgrades. Tauschen dementsprechend schnell die Väter der Kinder aus. Finanzielle Sicherheit – wichtig, nein ALLES – Sie wollen immer gerettet werden – egal ob die Ausgangslage schön ist oder schlimm. Sie machen unsere Männer zu Helden. Sie lassen sie herrschen. Bei ihnen dürfen sie sein wie sie wollen. Sie sind der Hafen für unsere Flachzangen! Danke! Männer, werft die Socken durch die Wohnung, seid, wie ihr sein wollt. Hier dürft ihr Kinder bleiben ... solange halt die Zahlen stimmen.

Soweit so gut. Der Mädelsabend rückt näher. Ich fahre zum Treffpunkt. Szenecafé – angesagt! Ich hab mir – ganz Fashion-Victim – extra ein neues Teil gekauft und steure in meinen hohen Pradas auf den Tisch zu.

Meine Gedanken in diesen Sekunden? Gut, wie rechtfertige ich nur, dass wir dieses Jahr nur nach Frankreich fahren? Wie verkaufe ich meinen Partner so, dass er nicht in der Luft zerrissen wird? Wie umschiffe ich das Thema ‚Sex-Details'? Werde ich es schaffen, meine Beförderung für mich zu behalten? Ich bin ja deshalb schon mit den öffentlichen Verkehrsmitteln gekommen, dass keiner bemerkt, dass ich einen neuen Wagen hab. Au Backe, hoffentlich spricht mich keine auf meinen Geburtstag an – da bin ich nicht da! Hab dieses Jahr keine Lust auf dieses Geäffel! Hoffentlich heißt es nicht wieder ich solle mir jetzt endlich mal einen in meinem Alter suchen mit einem anständigen

Beruf! Oh ich hab ja schon wieder so was von null Bock! Hauptasche die machen alles richtig … Mir geht's super wie immer. Alles prima! – Verinnerlicht! – Und, Action.

Dorothe gibt mit ihrem Georg an. Unfassbar – soll ich ihr stecken, dass ich ihn am Montag knutschend im Rock&Fly gesehen hab? Wohl eher nicht. Das käme einem totalen Gesichtsverlust gleich.

Jennifer lässt sich heute zu uns herab, na grandios – dafür, dass wir für sie und ihren Knallfrosch auf Barbados die Hochzeitsdeko gespielt haben, echt nett. Ihr geht's prima, obwohl sie jetzt die Pille abgesetzt hat. Keiner von uns jubelt, sie ist enttäuscht.

Das männermordende Monster hängt so am Tresen, dass man ohne Anstrengung ihr nicht vorhandenes Höschen sieht, doch der 20-jährige Barkeeper steht auf Männer und zeigt leider keine Reaktion. Sie bemerkt es nicht und zieht weiter ihre Sex-Sells-Show ab.

Die Vorzeige-Mammi ist ausnahmsweise auch da. Sieht zufrieden aus, und müde. Schwört auf Power-House und Yoga und möchte keiner von uns die Nummer von ihrem Personal Trainer geben – Schade. Vor allem Dorothe hätte sie so gern gehabt.

Die Karrieredame ist heute in Hamburg, hat da einen patenten, äh, potenten Kerl am Start, und Lady Brasil macht gerade den Schnösel auf zwei Uhr klar. Keinen wundert das. Schließlich hat sie ihren derzeitigen Begleiter so gut wie zu Ende gemolken.

Mir raucht der Kopf von so viel Geschnatter und Boshaftigkeiten. Ich zieh mich vorzeitig zurück, wohl wissend, dass ich nun in Stücke gerissen werde. Das nehme ich allerdings gerne in Kauf. Zum Glück hab ich die schönen Dinge meines Lebens heute wieder einmal für mich behalten. Sonst hätte ich mich vor Verbesserungsvorschlägen und überlieferter Lebensweisheiten nicht mehr retten können.

Geht es dir gut, wollen sie dass es dir schlecht geht, geht es dir schlecht, sagen sie, dass sie nichts lieber haben … als dass es dir gut geht. Und ist deine Situation dann wirklich mal aussichtslos, dann wird irgendeine Umweltkatastrophe ausgegraben. Wahlweise auch die Tante mit Mitte 80, die ein tolles Leben hatte und bei der jetzt der Verdacht auf Brustkrebs besteht. Es heißt dann: »Was ist schon ein Abgang/eine Kündigung/der Tod deiner Eltern/der Verlust deines Partners gegen so eins schlimmes Schicksal?!« … Ja, zugegeben, genau das frag ich mich dann auch – was für geile Freunde.

Sie verstehen sicher, dass ich zu der Erkenntnis gelangte, dass mir dieses Umfeld mehr Schaden zufügt als eine Stunde in der Stierarena oder eine Woche in der Hengststation. Ich habe daher für mich beschlossen, mich auf so idiotische Treffen nicht mehr einzulassen. Gerne hätte ich Frauen kennengelernt, die sich aufrichtig freuen für einen, anstatt immer kontraproduktive Dinge zu raten.

Gerne hätte ich mich auf den Ratschlag in puncto Farbe und Form einer Freundin verlassen. Doch genau das Gegenteil ist der Fall. Sagt sie beim Shoppen: »Oh ja, das steht dir, nimm es«, können Sie guten Gewissens drauf verzichten. Hören Sie diesen Kommentar, kaufen sie das Teil auf keinen Fall!

Die Formel zur Wahrheit: Kehren sie bei zweifelhaften Gefährtinnen Kernaussagen ins Gegenteil um. Et voilà: Die Wahrheit kommt ans Licht. Übertragbar auf Männer, Mode, Wohnung, Möbel, Frisur, etc.

SINGLE – DER AUSSCHLUSS AUS DER SOCIETY

Sie kennen es. Ich auch. Jeder rät einem zur Trennung. Der Typ sei unterirdisch und ein Spast. Das hören Sie jetzt geschlagene fünf Jahre lang. Von Freunden, Geschwistern, Eltern. Gut, irgendwann glauben Sie es. Sie ziehen das Programm Trennung durch.

Lange hat es gedauert, doch es war notwendig. Ihre Mutter hat gesagt Sie sollten sich mit dem bloß nicht mehr blicken lassen. Der Schwester war er von vornherein zu konservativ. Der Freundin zu gut aussehend und zu vermögend. Der anderen Freundin zu alt. Zugegeben, der Bruder fand ihn cool.

Na gut. Nun ist Schluss. Und alle haben von Anfang an darauf hingearbeitet, dass es so kommt. Nun sind sie traurig. Haben ihren Herzenspartner verloren bzw. gehen lassen oder weggedrängt. Und warum? Ja kennen Sie die Regeln denn nicht?

Nach fünf Jahren muss ein Heiratsantrag her, sonst ist die Beziehung nicht mehr zu rechtfertigen in einer vom Matriarchat überrannten Gesellschaft. Er war bereits verheiratet. Wollte davon nichts wissen, was sie ja sehr gut verstanden haben – und trotzdem – aus! Zu dumm, denn eigentlich hat ja alles gepasst. Aber die Ratgeberinnen meinten eben, da müsse mehr gehen, und auf einmal erledigte sich alles, wie von selbst, denn dauerhaft lässt, sich der stärkste Bambus nicht verbiegen. Es war dem Kerl einfach zu mühsam.

Ladys: Ziel erreicht. Mission erfüllt. Ein Single mehr.

Zu Beginn ist man ja noch ziemlich mit sich selbst beschäftigt. Erinnerungen beseitigen, Bücher lesen, Trennung bewältigen. Wir zerfließen in Selbstmitleid und haben Weltschmerz. Ist das überwunden (einschlägige Fachliteratur, d. h. Frauenmagazine, sprechen hier von einer Zeit von ca. drei bis fünf Wochen) wird wieder gesportelt, getanzt, das Leben genossen. Ok. Wo bleiben die Einladungen, von denen ihr alle geredet habt? Wer feiert wo und wann seinen Geburtstag? – Pustekuchen! Alles vergessen und verschoben. »Singles unerwünscht«, hört man die Spatzen pfeifen.

Das trifft jetzt nicht nur die frisch Getrennten, sondern auch Langzeit-Singles und Witwen, die gerne als Partnerersatz auf Feierlichkeiten mitgenommen werden, wenn der Gatte der Freundin auf Geschäftsreise ist. Tragisch, wirklich mehr als tragisch.

Hierzulande werden alleinstehende Frauen absolut von der Gesellschaft (besser gesagt – unter uns – von den Frauen dieser Gesellschaft) ausgegrenzt. Zu Beginn wird in immer längeren Zeitabständen nachgefragt, ob alles in Ordnung sei. Es werden einem einige schwer vermittelbare Herren kredenzt – mit Hoffnung auf erfolgreiche Vermittlung.

Ist man nicht bereit sich auf, einen dieser Übriggebliebenen einzulassen, organisiert die beste Freundin den Account in der Online-Partnerbörse. Sie ist drauf bedacht, dass man örtlich in ihrer Nähe bleibt, und hackt deshalb vorsichtshalber auch nur solche Angaben ins Profil. Wichtig sagt sie, seien Dinge wie Einkommen, akademischer Titel, Alter, Hobbys und Herkunft. Die Bindungsabsicht solle er schon auch haben, schließlich suchen WIR ja was Ernstes. Schnell werden noch Fotos im Gala-Outfit geschossen.

Zum Glück sagt sie, hätte man vor lauter Kummer so abgenommen, das käme immer gut. Und schließlich sei man bis Mitte 30 ja noch gut zu vermitteln. Man brauche von dem Kinderwunsch nicht zu sprechen, da werde man halt dann einfach mal schwanger. Abgesehen davon hätte sie einem ja so viel Blödheit nicht zugetraut, das kann ja heute schon jeder Harz-IV-Empfänger, die Männer über Kinder binden.

Äh – stopp – jetzt wiederholt sie gerade die Dauerschleife ihrer eigenen Mutter – weghören! – betrifft einen nicht!

Viele Wochen und unzählige Dates später – immer noch kein Passender dabei. In dieser Übergangszeit wird man noch geduldet in den Golfklubs, Lokalen und Klatschrunden. Auch die Mädelsabende finden noch statt. Alle reden vom großen Glück, dass die Karten so kurz vor Schluss noch mal neu gemischt werden. Ah ja, stimmt. Warum findet man selbst das Ganze aber überhaupt nicht toll?

Mittlerweile sind einige Monate vergangen. Den Anschluss hat man nun verpasst. Aber wie ist das passiert?

Man hat die Runde eingeladen zu sich. Zugegeben, etwas mühsam mit all den Paaren. Nett war es aber allemal. Nur auf einmal folgten keine Gegeneinladungen mehr. Hätte man die befreundeten Paare gern zum Essen getroffen, oder auf ein Glas Wein, hieß es auf einmal immer: »Sorry – keine Zeit«. Oder: »Mensch, schade, jetzt sind wir schon verplant ... Echt blöd gelaufen.« Im Juni hätten sie dann einen Termin im Oktober anzubieten gehabt. Nein danke, denkt man sich, so langfristig planen Singles selten. Trotzdem dreht die Erde sich weiter. Man stürzt sich in neue Projekte, macht nette Bekanntschaften, schließt neue Freundschaften und hat schließlich – wie von selbst – eine neue Beziehung.

Die anderen bekommen Wind davon. Auf einmal klingelt das Telefon, ob man nicht zu zweit doch noch mit wolle auf die Wiesn im September, ein Paar hätte sich getrennt und jetzt sind die Essens- und Getränkemarken übrig. Oder, ob man sich jetzt so spontan vorstellen könne, mit nach Mallorca zu kommen, in die Finca von David? Äh – man ist sprachlos im ersten Moment und ringt nach der passenden Antwort. Unfassbar durchschaubar! Man steht unter Schock! Ganz schlecht jetzt, es folgt die Vereinbarung zum Rückruf.

Trotzdem ist es unfassbar, wie Singles, egal ob Frauen oder Männer, ausgegrenzt werden – aus allem. Es gibt Partnerrabatte im Sportklub, Wohnungen werden lieber an solide Paare vermietet. Bist du allein, bist du seltsam. Frauen sind die Hexen, bei denen es keiner aushält, und Männer die Muttersöhnchen, die ihre Bindungsängste nicht überwinden können.

Für Frauen gibt es dann ja immer noch den Damentag in der Therme oder Bauch-Beine-Po immer dienstags und donnerstags. Männer sammeln sich in Kneipen oder in der Muckibude. Richtig schlimm wird es nur am

Sonntag, wenn die Familien stolz durch die City spazieren, oder die frisch verliebten Pärchen turtelnd am Seeufer prominieren. Autsch.

Nur aus Spaß, um das Wesen Frau zu testen, habe ich in einer solchen Situation einmal einer Vertrauten erzählt, meine Beziehung sei bedauerlicherweise den Bach heruntergegangen. Seither haben wir uns nicht mehr gesprochen. Die junge Gattin trifft sich jetzt lieber mit Verlobten und Powermammmies. Respect! Und so hatte ich Glück im Unglück, denn wenigstens macht sie mir so meine neue Liebe nicht mehr madig. Mit der vorgeheuchelten Portion Mitgefühl hätte ich im akuten Ernstfall, nicht wirklich viel anfangen können.

WAS IST DA NUR SCHIEF GELAUFEN?

Wo sind unsere Männer hingekommen? Gab es sie überhaupt jemals? Waren die Frauen schon immer zäher und stärker?

Kürzlich habe ich mich mit einem Mann Mitte 30 unterhalten. Schrecklich. Echt, ich war entsetzt. Er, gut aussehend, sportlich und aufgeschlossen. Verfügt über eigenen Wohnraum und einen super Job. Man möchte meinen alles wäre super. Doch genau hier liegt alles im Argen.

Er hatte sich verliebt. Diesmal sei es ‚The one and only' (wie übrigens die beiden Vorgängerinnen auch). Er hat sie mitgebracht zu diversen Familientreffen. Hat sie vorgestellt. Sie attraktiv, frische Uni-Absolventin. Will später für UNICEF arbeiten. Schön. Alles perfekt! Da haben sich zwei gesucht und gefunden, denkt man so. Ja, so hat er auch gedacht. Ein halbes Jahr tolle Beziehung, alles super. Alles passt. Er ist verliebt – Sensation!

Sie planen, den Urlaub gemeinsam zu verbringen. Nun wird es spannend. Er, der sportliche Typ hat nichts gegen die Unterkünfte vom deutschen Alpenverein. Gerne geht er in die Berge. Er hat auch was von einem abgelegenen Wanderweg vor Augen – das wäre traumhaft! Und man könnte fern ab vom Trubel in der Natur dem Stadtleben entfliehen. Sie findet das zunächst: »In Ordnung.« Schleppt ihn dennoch ins Reisebüro. Die Daseinsberechtigung von Reisebüros an sich fand er seit jeher eher fraglich. Keiner seiner Kumpels bucht seinen Urlaub hier. Aber was nimmt der moderne Mann haute nicht alles in Kauf, um ihr den Himmel auf Erden zu bieten.

Sie gehen ins Reisebüro. Vorschläge über Vorschläge prasseln auf sie ein. Die neue Situation haut ihn um. Sie kam noch nie über den Weißwurst-Äquator hinaus, hat aber in puncto Urlaub mit Freund sehr genaue Vorstellungen. Hat sie wohl aus den Medien oder von den Freundinnen. Sie findet alles »oh, toll, super«. Ihm bleibt beim bevorzugten Preissegment glatt die Spucke weg.

Zwei Stunden später finden sich die beiden vor dem Schaufenster des Ladens wieder. Sie zickt. Er ist ratlos.

Typische Situation. Sie erwartet von ihm, dass er ihr den Trip spendiert, macht aber nicht mal eine Andeutung. Er verdient seit Kurzem erst sein eigenes Geld und kommt noch gar nicht mit Frauen klar, die materielle Forderungen stellen. Eine Woche später, ganz gekonnt taktvoll, vor Konzertbeginn (die Karten hat übrigens er bezahlt), serviert sie ihn ab.

Seitdem ist er ratlos. Glaubt nicht mehr an das Gute. Fühlt sich nicht imstande für eine Frau, geschweige denn für eine Frau mit Kind, zu sorgen. Will sich für Krippenplätze und Ganztagsschulen ehrenamtlich engagieren. Möchte es fördern lassen, dass alle Frauen auf eigenen Beinen stehen können. Will flächendeckend Unternehmenskindergärten. Hauptachse er hat keine Verantwortung zu tragen. Alleinige Verantwortung bezüglich des Bedienens diverser Forderungen. Beispiele gefällig? Miete, Auto, Konsum, Reisen – alles!

Er hat Panik vor Frauen die sich in sein gemachtes Nest hocken wollen. Zwölf Jahre hat er gebraucht, um dieses eigenständige Leben zu führen. Er hat lange studiert, war ewig der arme Student mit den durchgewetzten Turnschuhen, der sich mit Gelegenheitsjobs durchschlägt. Heute teilt er sich sein Einkommen vernünftig ein, um die Wohnung abzustottern. Er wünscht sich eine patente Frau, die ihn liebt. Nur seinetwegen, weil er der ist, der er ist, der Mensch. Nicht mehr und nicht weniger. Und genau das ist schwer. Sehr schwer.

Hören Sie mal genauer hin bei Ihren Mädels. Worauf kommt es an? Was sind denn in Ihrem Umfeld die Hard Skills? Ehrlich sein jetzt. Ok, ich verrate Ihnen meine persönliche Erfahrung. Ganz oben: Status, Ansehen, Image und Großzügigkeit. Auf Platz zwei rangieren Beruf, Einkommen, Erbgut. Gefolgt von Platz drei Aussehen, Gebiss, Körper. Die Soft Skills beinhalten Umgangsformen, Essgewohnheiten, Häuslichkeit. Ich kann es nicht ändern, denn so ist es.

Die Hardfacts lösen bei den meisten Frauen heute den Bindungswunsch aus. Nicht selten ist zu beobachten, dass ein Kinderwunsch recht rasch folgt. Den betroffenen Damen ist die Herausforderung ‚Domestizierung eines Kerls oder Hallodris' in dieser Phase noch nicht bewusst. Sie konzentrieren sich so auf die Hardfacts, werden von Oma und Mutter bejubelt für ihren ‚Good Catch'. Alles ist grandios. Die frisch verknallten Damen sind der festen Überzeugung an den Soft Skills ihres Fangs noch feilen zu können, und lassen sich darauf ein. Es folgt ein desaströses Unterfangen.

Zunächst alles super. Man geht aus. Durchzechte Nächte. Alles bombenmäßig – what a fun! Er hält sie frei – alles richtig gemacht – check! Es fällt nicht auf, dass er kein Typ ist, mit dem sie lauschige Kaminabende verbringen wird. Egal, sie hofft, alles wird gut, wenn sie erst mal fest liiert sind.

Ein halbes Jahr geht alles gut. Winter, da wollte er auch nicht immer zwingend in die Klubs. Sie ist unendlich glücklich. Sie wird schwanger. Sie hat es geschafft! Glückwünsche aus allen Reihen! Super! Man könnte hier jetzt noch vieles aufblasen und ausschmücken, doch das Ende wäre das gleiche.

Er will nicht häuslich werden. Sie will einen der sie unterstützt und mit ihr die Familie des Kindes ist. Er will weiterhin clubben bis zum Sonnenaufgang. Zwei völlig unterschiedliche Typen. Es folgt die Trennung. Das war's.

So oder so ähnlich kennen wir unzählige Beispiele. Warum ändert sich dann nichts bei uns Ladys, wenn wir den Ausgang schon kennen?

Nach wie vor legen viele Bindungswillige den Fokus auf die materiellen Hardfacts. Die Soft Skills werden ausgeblendet und als nachrangig herab getan. – »Ach, den krempel ich mir schon noch um …« – aha …

Was wollt ihr, Mädels? Eure Prostitution ist grauenhaft. Sie spricht nicht gerade für uns. Im Gegenteil. Irgendwann haltet ihr diesen Typen nicht mehr aus. Findet es furchtbar, wie er sich verhält, müsst feststellen, dass er nicht zur Häuslichkeit taugt. Na toll. Und nun geht die Hetzkampagne gegen Männer los. Ihr feuert was geht, alle werden über einen Kamm geschoren.

Ich muss eine Lanze brechen – ihr tut ihnen unrecht. Von Anfang an waren die Kerls wie sie eben sind. Akzeptiert, dass aus einem Peeling-Schwamm keine Puderquaste wird! Nicht mal im Märchen. Der Weg, den ihr beschritten habt, war selbst gewählt. Kommt klar damit, ihr emotional erkalteten Wesen, oder bekommt es geregelt. Und zwar so, dass ihr die Jungs mit Rückgrat und Feinschliff nicht auch noch verkrätzt!

Nun zurück, was ist schief gelaufen? Betrachten wir die Spezies Mann im Wandel der vergangenen 60 Jahre, so hat sich einiges zum Positiven gewandelt. Wenn wir ehrlich sind, alles. Unsere Omas hatten zum Großteil Gatten, die nicht mal Wasser ordentlich zum Kochen bringen konnten.

Die Männer waren der Verdiener und Versorger der Familie. Beim gemeinsamen Essen ließen sie sich selbstverständlich bedienen. Bekamen das edelste Stück des Sonntagsbratens, und auch sonst was sie wollten. Hatten, in der ohnehin zu engen Wohnung, ein eigenes Raucherzimmer. Die Männer waren beileibe keine Zuhörer. Kurz, die Familie war nicht traurig, wenn der Vater auf Geschäftsreise oder in der Arbeit war.

Die Frauen lösten die Herausforderungen des Alltags selbst, und das auch noch mit einem weniger großzügigen Haushaltsgeld. Sie halfen sich untereinander aus. Ein Teufelskreis, sie waren abhängig, hatten aber niemanden, dem sie sich emotional öffnen konnten. Sie konnten nicht auf Verständnis hoffen, wenn ihnen die Kindererziehung zu viel wurde. Genauso wenig, wenn sie das Gefühl hatten, die Decke würde ihnen auf den Kopf fallen. Alles hatte stets in bester Ordnung zu sein. Für zahlreiche Damen seinerzeit war die Einführung der Waschmaschine wohl eine größere Hilfe als ihr Ehemann.

Schon in der folgenden Generation war zu beobachten, dass sich die Männer im Haushalt beteiligten, vorausgesetzt, ihre Frauen ließen dies zu. Die Männer hörten ihren Partnerinnen aufmerksam zu, wollten sie mehr entlasten. Das war schon ein riesiger Schritt nach vorne. Blickt man zurück, wäre das für die Uropas und Großväter undenkbar gewesen.

In der Generation meiner Eltern bereitet es vielen Männern eine Freude, den Wocheneinkauf zu erledigen. Manche kochen leidenschaftlich gerne, sie interessieren sich für die Partnerin und ihre Gefühlswelt. Gemeinsame Konten sind in dieser Generation völlig normal, das Teilen kein Thema. Manche schaffen es, sich gemeinsam aus Krisen heraus zu ziehen. Die Männer sind am Wohl der eventuell aus der Partnerschaft hervorgegangen Kinder von Anfang an interessiert gewesen. Rückblickend ein Megaerfolg.

Sicher gibt es auch hier noch Männer, die sich vom Macho-Dasein nicht verabschieden wollen. Hierzu müsste der Begriff Macho aber noch geklärt werden. Nur weil die Frau Hausfrau und oder Mutter ist, handelt es sich beim Mann nicht um einen Macho. Manche Frauen sind gezielt auf der Suche nach den Männern, die ihren Weg ohne Rücksicht auf Verluste gehen. Getreu dem Motto ‚shape in or ship out'. Oder nach Männern, die einfach Entscheidungen für das Paar treffen. Manchmal geht es auch von der Frau aus. Sie will nach außen hin einen starken Mann an ihrer Seite. Oft ist das Rollenbild im Innenverhältnis ja ein ganz anderes. Häufig zu beobachten sind auch Frauen, die ihren Mann als Macho darstellen, jedoch für diese Entwicklung allein verantwortlich sind. Sie haben ihren Partner komplett aus Haushalt und Familie herausgehalten, sodass er nicht mal einen Kaffe mit dem Vollautomaten hinbekommt. Schlimm wird das, wenn diese Damen mal krankheitsbedingt ausfallen. Trotzdem wage ich zu behaupten, dass selbst der Mega-Macho von damals in dieser Reinform in unseren Breitengraden nur sehr selten überleben konnte. In den Ausnahmefällen nur mit gezielter Unterstützung der Partnerin.

Nun zu meiner Generation. Natürlich gibt es die verschiedensten Ausprägungen in der Männerwelt. Doch vieles haben sie gemeinsam. Der Großteil bekommt sein Leben selbst wunderbar gemanagt. Lebt ordentlich, oft sogar sehr gepflegt und geschmackvoll. Viele kochen gerne, manche regeln sogar den Haushalt selbst. Und, wenn der ein oder andere Mann die Hausarbeit outsourct, ist das kein Drama. Meine Damen, wie viele von Ihnen genießen die Unterstützung einer Zugehfrau? – Eben! Des Weiteren bemühen sich die Männer, uns gerecht zu werden. Sie hören uns zu, meistens. Sie arbeiten an sich, um uns zu gefallen. Sie wollen da sein für uns. Sie wollen uns unterstützen wo es geht. Seien sie ehrlich! Solche Männer gibt es, nur dürfen Sie, liebe Damen, die Soft Skills nicht immer so brachial außer Acht lassen!

Gehe ich nur nach Status und Anerkennung, kann ich sicher sein, dass es sich um jemanden handelt, der genau weiß, dass die Frauen, die er anzieht, käuflich sind. Er ist nämlich nur auf der Suche nach einem neuen Symbol. Klar ist das nun überspitzt. Trotzdem ist es Ihr Leben, das Sie gestalten. Menschen leben gern in Beziehungen, allerdings brauchen diese immer eine tragfähige Basis. Tja, materielle Werte vermitteln zwar auf den ersten Blick Sicherheit, doch abbeißen kann man davon noch lange nicht.

Es liegt nahe, dass die Männer, die wir uns heute wünschen, nicht ausgestorben sind. Sie sind weicher geworden, sensibler, sind nicht mehr die animalischen Typen von einst, denen es nur um die Sicherung des

Erhalts der Menschheit geht. Sie dürfen uns nicht mehr hofieren – leider!

Exkurs: Liebe Emanzen, das hättet ihr uns nicht nehmen dürfen! Im Ausland genieße ich es die Türen geöffnet zu bekommen, ich finde es echt erbärmlich, wie sich deutsche Männer auf internationalem Parkett regelrecht blamieren, weil ihr die Etikette bei uns abgeschafft habt. Das ist ein großes Manko. Oder war es geplant, dass Frauen den Männern heute in teuren und zeitintensiven Benimm-Kursen wieder alles eintrichtern? So gesehen fast schon wieder berechnend! Mir tut es leid, dass wir uns so von unseren europäischen Wurzeln entfernt haben. Bleiben Sie mal in großen Hotels oder Bürohäusern in der Nähe des Aufzugs stehen. Beobachten Sie doch bitte mal die Zwischenfälle, die hier passieren. Zählen Sie sie. Unfassbar! Sie erkennen deutsche Männer unter Garantie! Sie sind die, die sich immer zuerst in den Aufzug drängen. Prompt knallen sie dann mit den Damen brutalst zusammen. Autsch! Echt peinlich! Jaja, die Feingeister aus ‚Good old Germany'. Ich schieb die Schuld daran uns Frauen (bzw. den lieben Emanzen, Sie wissen schon ...) zu. Exkurs-Ende.

Die Männer haben sehr an sich gearbeitet. Sie unterstützen die Partnerinnen im Haushalt. Sie betreuen die Kinder. Manche Paare wechseln die Rollen, weil Er die bessere Mama ist. Ja, das gibt es auch. Und Sie ist froh darüber. Männer wollen eine Frau an ihrer Seite haben, die mit ihnen auf Augenhöhe ist. Zugegeben, auch hier gibt es Ausnahmen, doch eine Vielzahl der Männer hat sich toll gemacht.

Und die Frauen? Sie wurden härter, beruflich ehrgeizig und verloren an Weiblichkeit. Das Resultat: Sie schossen übers Ziel hinaus! Warum haben wir uns nicht einfach mit den Herren in der Mitte getroffen? Die Frauen wollten maskuliner sein, als der Mann jemals war, und die Männer wurden feminisiert.

Frauen steht dazu – Ihr seid Frauen! Schnauzen Sie Ihren Nachbarn nicht an, wenn er Ihnen den Kasten Wasser abnehmen will! Freuen Sie sich, wenn Sie eine Familie planen und einen Mann an Ihrer Seite haben, der Sie darin unterstützt Mama sein zu können – das ist Luxus! It's hard to find.

Lassen Sie sich nicht ankeifen von frustrierten Mannsweibern, die Ihnen klarmachen wollen, dass Sie mit fünf Kindern mindestens den Job der Abteilungsleiterin hin bekommen müssen. Sicher, wenn Sie das unbedingt wollen, die Beziehung stabil ist und die Kids aus dem Gröbsten raus sind, kann das durchaus funktionieren. Aber es muss nicht sein. Denken Sie an die sogenannten ‚A Ks' (Arschlochkinder) über die sich Kinderlose jeden Tag aufregen. Sie sind oft Produkt gestresster und vollberuflicher Familien, die ihnen ein verschobenes Wertesystem vermitteln. Und genau solche Schaubilder tragen dazu bei, dass die junge Frau von heute auf Familiengründung gar keine Lust mehr hat. Eine 70-Stunden-Woche kann kaum schlimmer sein, als solche Fratzen, denkt sie.

Lassen Sie sich helfen von Ihren Männern! Lassen Sie sie Entscheidungen treffen mit Ihnen! Wir verfügen nun mal evolutionsbedingt über das Manko Schwangerschaft. Das ist so und es hat wohl auch seine Gründe.

Natürlich heißt das nicht, dass nur Mammies glückliche Menschen sind. Obwohl uns das gerne so verkauft wird von der Gesellschaft und den Medien. Nein, Kinder müssen nicht sein, Weiblichkeit hingegen schon!

Los finden wir Lösungen, um verkorkste Lebensmodelle vor dem Scheitern zu retten! Mädels verstellt Euch nicht! Steht dazu, dass Ihr nicht immer die Starke sein wollt! Dass wir beinharte Entscheidungen treffen, dass wir unabhängig sein können Wahnsinnsleistungen bringen können und dabei noch fabelhaft aussehen, haben wir mittlerweile mehr als bewiesen. Wobei dieses fabelhaft aussehen uns von der Werbewelt aufgedrückt wurde. So, da es jetzt selbst der letzte Provinz-Tiger mitbekommen hat, könnten wir uns ja nun wieder etwas mehr den Kernkompetenzen widmen, die keineswegs nur den ‚drei K' entsprechen!

Auffällig ist, dass sich die Frauen gegenseitig anstacheln ultragemein und fies zu ihrem Partner zu sein, dass es fast keinen mehr wundert, dass wir auf diese Weise keine ordentliche Beziehung mehr schaukeln können. Vielleicht sollten wir es den Männern zugutehalten, dass sie sich in dieser kurzen Zeit so atemberaubend entwickelt haben. Vielleicht sollten wir aufhören, uns stets mit Männern zu vergleichen, weil wir einfach nicht vergleichbar sind. Und vielleicht sollten wir auf Männer zugehen, indem wir es ihnen hin und wieder ermöglichen Stärke zu zeigen.

Dass sie stark sind, wissen wir, denn sonst hätten sie diese Performance nicht so ohne Weiteres geschafft. Auch, dass sie mehr drauf haben, als die Männer von damals haben sie mittlerweile mehr als bewiesen.

Lasst sie wieder Verantwortung übernehmen, und schätzt es, dass sie Emotionen zeigen. Erst wollten wir, dass Männer weinen können, und nun, wo sie es gelernt haben, bedeutet diese Emotionalität für einige von uns das Aus der Partnerschaft.

Hey Mädels, so schnell werden wir uns Männer nicht backen können. Schaltet mal einen Gang runter und seid keine radikalen Ego-Shooter!

Freya Frauenknecht

KOCHEN UND PUTZEN MIT GLITZER & GLAMOUR

Was jetzt kommt, ist sicher keine Dankesrede an die Werbeagenturen der westlichen Welt. Sicher, an den Pranger müsst ihr Werber auch nicht, die Strategie ging ja auf. Wobei der Gedanke nahe liegt, dass sich Tütensuppen und Fertigpizzen noch nie so gut verkauft haben wie heute. Von daher ist es egal, ob die Hausfrau in der Werbung die Pizza in den Ofen schiebt, oder der Mann.

Trotzdem. Ihr schafft es, seit Jahrzehnten grausam an dem alten Rollenbild festzuhalten. Gut, momentan vollzieht ihr die Wende, doch bekanntlich prägen einen die Bilder aus Kindheit und Jugend am meisten.

Ihr habt es geschafft, dass wir denken, immer top aussehen zu müssen, egal ob wir gerade den mörderanstrengenden Langstreckenflug hinter uns haben, oder ob wir von der Nachtschicht in der Klinik heimradeln. Dank euch haben wir lange geglaubt, in jedem Sportwagen sitze ein Held. Wir polieren unsere Gläser und machen uns zu euren Sklaven. Wir wollen perfekt sein. Die strahlend weißesten Blusen tragen. Oh Leute, musste das sein? Es ist ja sehr beachtlich, dass Männer Waschmaschinen bedienen können, obwohl das bei euch Reklamehelden bis vor Kurzem reine Frauensache war.

Nett war einst der Versuch der ‚Frau als Managerin des Familienunternehmens', wobei hier die Misere am deutlichsten klar wurde. Die Hausfrau ist so unsexy wie lange nicht. Sie kann in der Öffentlichkeit nicht mal zu sich selbst stehen. Sie wird gesellschaftlich vor allem vom jungen Gemüse geächtet und verteufelt. Wir glauben vielmehr, dass wir zwar Hausfrau sein müssen, allerdings in High Heels, mit perfektem Outfit und ohne eine Schweißperle auf der Stirn. Weiter sind wir von euch überzeugt worden, dass wir mit Leichtigkeit in eine Führungsrolle schlüpfen, hier nicht nur schön anzusehen, sondern auch noch fachlich auf Zack sind. Dazu kommt dann noch, im Idealfall den Posten der Spitzenköchin zu erfüllen und den Mann 24/7 zu verwöhnen. Alles gut soweit. Das ist ja auch alles so was von realistisch!

Wir sehen es in den Medien, wir lesen es in Zeitschriften. Perfekte Frauen, wohin wir blicken. In Politik, Wirtschaft und in der Öffentlichkeit allgemein. Vorzeigemodelle der neuen Generation.

Das wird von uns erwartet, denken wir. Wir sind unter Druck. So sehr, dass viele Studentinnen bereits am Ende ihres Studiums ihren ersten Burn-out haben. Glückwunsch auch!

Das kann so nicht weiter gehen! Sind wir gestresst, rät man uns zu Sport. Ok machen wir, doch nun heißt es, alles noch straffer zu takten. Wir wollen makellos sein. Unseren Part erfüllen. Arbeiten wie die Blöden, hungern, shoppen, putzen, kochen, pflegen uns, und leben in einer Beziehung – ein Kraftakt. Haben wir dann alles einigermaßen unter einen Hut bekommen, sodass man gerade noch, mit etwas Good-Will, von einem lebenswerten Leben sprechen kann, kommt der Freizeitstress.

Es wird diskutiert, Prioritäten werden gesetzt. Man hetzt durch die Welt, um mitzuhalten. Gut, auch noch machbar, aber anstrengend. Die neue Wohnung wird so gut wie nicht bewohnt, weil wir unentwegt weg sind. Skifahren im Winter, Shoppen und Wandern im Frühjahr und Herbst. Selbstredend handelt es sich um Wochenendtrips. Im Sommer kommen noch zahlreiche Sommerfeste und Hochzeiten hinzu. Dann der Jahresurlaub, gerne mit Freunden. Alles noch immer gut.

Schließlich, die bekannte Frage der Verwandtschaft nach Familiengründung und Nachwuchs. Boa denken Sie, beim besten Willen wüsste ich nicht, wie ich das auch nur im Ansatz schaffen sollte! Da man dieses

Thema gern verdrängt, was aus Zeitmangel auch nicht schwerfällt, ist es in den meisten Fällen nicht mal angedacht. Was uns aber klar wird, ist Folgendes: Familie muss ja nicht mal sein, aber wo bleibt denn eigentlich noch die Zweisamkeit?

Paare machen ja gerne Unternehmungen gemeinsam mit befreundeten Paaren. Hier wird sich unter anderem auf Teufel komm raus verglichen. Alle schielen auf das gemeinsame Heim, das bestimmte Wohnviertel und vieles mehr. Sie kennen das sicher. Und warum? Weil wir alle nicht mehr wissen, was WIR eigentlich wollen.

Alle lassen wir uns reiten von der Medienwelle und so jagen wir nach Dingen, die nicht glücklich machen. Wir lassen uns unter Druck setzten und bemerken es nicht mehr. Wenn uns Frauen dann noch jemand mit dem Kinderthema behelligen will, schnürt es uns innerlich die Luft ab, weil wir keine Ahnung haben, wie das auch noch gehen soll. Wir müssen Vollzeit arbeiten. Wir müssen unser Gewicht halten. Wir dürfen nicht Frau sein. Wir müssen perfekt funktionieren. Wir müssen alles alleine bewältigen. Genau – das ist es was wir von den Werbeprofis diktiert bekommen. Und dass die Hausfrau oder Mutter nicht gut ankommt, wissen wir selbst, da wir am lautesten auf sie geschimpft haben.

Auf geht's! Weg mit den vorgegebenen Mustern! Hin zur gelebten Authentizität! Wir müssen nicht perfekt sein, sondern einfach nur echt. Legen Sie den Schutzpanzer ab, und befreien Sie sich von den Vorgaben der Werbung.

Männer haben sich bei Weitem nicht so von den Marketingstrategen instrumentalisieren lassen wie wir. Werden Sie locker! Putzen sie im Jogginganzug! Hören Sie auf Ihre Gläser zu polieren! Es reicht einmal die Woche die Wohnung zu saugen und Jeans brauchen keine Bügelfalte! Und hören Sie auf mit der Wurzelbürste die Einfahrt zu schrubben, nur weil seine Mutter kommt! – So ein Blödsinn würde der nie einfallen!

Freya Frauenknecht

DIE HODENLOSEN & DER BABYGERUCH DER FRAU

Zugegeben provokanter Ausdruck. Aber wie passiert's? Zum Verständnis. Sie haben eine Vorgesetzte. Tolle Frau. Zielsicherheit und unternehmerisches Denken hat sie im Blut. Sie trifft Entscheidungen. Sie gibt Richtung und Tempo vor. Sie gewinnt neue Geschäftspartner und erschließt wagemutig neue Märkte. Sie bindet die Mitarbeiter ans Unternehmen und hat einen exzellenten Führungsstil. Projekte gelingen. Deadlines werden eingehalten. Sie ist der unangefochtene Boss.

Dennoch ist und bleibt sie eine Frau. Sie wird schwanger. Zuerst denkt sie, sie könnte die Geburt und die Anfangszeit innerhalb von drei Monaten bewältigen. Business as usual. Es stellt sich heraus, dass eine kompetente Geschäftsfrau noch lange keine routinierte Mutter ist. Sie verlängert die Auszeit auf sechs Monate.

Die Herren in der Abteilung beginnen, nervös zu werden. Sie scharren mit den Hufen. Ein Vertreter wird berufen. Komischerweise packt er schon den gesamten Inhalt seines Schreibtisches in ihr Büro. Hm, noch finden Sie das nicht bedenklich. Sie kommt vorbei, verlängert auf ein Jahr. Der Vertreter gibt Sekt aus, am nächsten Tag vollzieht er die Individualisierung ihres Büros.

Ok – was geht da ab?! Es stellt sich heraus, dass die Geschäftsleitung es nicht tolerieren kann, dass eine Führungskraft so lange ausfällt. Weiter könnte es ja sein, dass das Kind der ehemaligen Chefin mal krank werde, und die Mutter dann deshalb Termine nicht wahrnehmen könne. Sicher sei man dankbar, für die großartigen Erfolge der Dame, aber dennoch wird sie nach dem Jahr Mutterschutz das Team als Assistentin unterstützen, halbtags versteht sich. Man sei überaus froh, ihr dies überhaupt bieten zu können.

Das ist kein Einzelfall. Warum nun die Hodenlosen überholen, interessiert Sie, oder? Zu Beginn waren die Wettbewerbsbedingungen gleich. Der Bessere bekam die Führungsposition. So ist es fast überall. Keine Beachtung fand das Geschlecht. Frauen weisen oft bessere Leistungen vor als ihre männlichen Konkurrenten. Mit ihrer Zielstrebigkeit schaffen sie es daher, relativ schnell aufzusteigen. Der Karriereknick folgt, wenn die Frau der biologischen Uhr nachgibt.

Vermutlich müssen wir das so akzeptieren, allerdings ist das echt kaum auszuhalten. Leider ist es nun mal an der Frau, Kinder zu bekommen. Der Arbeitsausfall von einem Jahr ist für diese große Leistung eigentlich verhältnismäßig kurz. Schön wäre es allerdings, wenn Arbeitgeber ihre Mitarbeiterinnen schätzen würden, und sie nicht noch fürs Kinderkriegen bestrafen würden. Oft kommt dieses Gefühl auf. Ich hatte als Berufseinsteigerin das Empfinden, dass auf diese Weise Exempel statuiert wurden. Die Männer wissen genau, dass sie langfristig die Frauen überholen werden, die sie heute noch klein aussehen lassen. Sie spielen auf Zeit.

Sicher so läuft es wohl. Hat man keine Familie gegründet, warum auch immer, und hat seinen Titel als gute Chefin verteidigt, gilt man unter den Herren übrigens gern mal als ‚Alte Jungfer'. Für unsere Gesellschaft wäre es mehr als wünschenswert an Lösungen zu arbeiten, die eine gewisse Tragfähigkeit bergen. Alternativ würde es auch helfen Müttern wieder etwas mehr Respekt für diese mutige Entscheidung zu gewähren.

Auch nicht außer Acht zu lassen ist, dass Männer sich nur an Männern messen. Wie bitte? Ist Ihnen das etwa entgangen? Unfassbar! Bisher dachten Sie vermutlich die Herren tauschen sich belanglos über neue Uhren oder Aktentaschen aus. Man könnte das meinen, aber in Wirklichkeit geht es hier um was anderes. Jeder will den anderen übertrumpfen. Der eine will finanziell und sexuell potenter sein als der andere. Und sei es mit den höheren PS des neuen Wagens, der die mangelnde Potenz wieder wettmacht.

Selbst Männer, die auf den ersten Blick überhaupt nicht den Anschein machen, blasen sich auf wie ein Pfau, wenn es darum geht, wer mehr Leistung unter Beweis stellen kann. Nicht nur, dass manche Männer sich ganz eng an ihre Kollegen quetschen am Pissoir, um sicherzugehen, dass sie den Längeren haben, sie machen nicht mal einen großen Hehl aus der Sache. Ich wollte Sie jetzt nicht erschrecken, meine Damen, aber genau so schaut es aus. Sie messen sich daran, wer schneller den Berg rauf radelt, wer sich mutiger mit dem Snowboard den Abhang herunterstürzt. Sie zeigen Stärke mit dem neuesten Equipment, auch wenn Sie es maximal zweimal jährlich nutzen.

Manche Herren bestätigen beiläufig am Mobiltelefon, während sie mit Kollegen lunchen, dass der neue und größere Tresor für die erlesenen Zeitmesser gerne am Freitagnachmittag geliefert werden kann. Andere erzählen von der Blamage vor der Ehefrau, als sie das Polizeibild erhalten hat, auf dem die Geliebte am Steuer saß und geblitzt wurde. Wieder andere geben unter dem Beisein der kleinen Tochter mit dem Puffbesuch an, der ja sein muss, wen man auf der Münchner Wiesn auf seine Kosten kommen möchte.

Sie geben sich wie die Primaten und machen sich immer größer, bis einer der Gesprächspartner endlich einknickt. Sie vergessen darüber hinaus ihr momentanes Umfeld, wie die Situation mit dem kleinen Mädchen verdeutlicht. Die Klassiker des Vergleichs? Ist doch ganz einfach. Frauen, Autos, Uhren, Einkommen, Sport, Anzahl uns Lage der Immobilien.

Wir Frauen sind anders gestrickt. Wir vergleichen uns auch, jedoch auf andere Art. Wir versuche, uns mit den Männern messen. Allerdings ohne großen Erfolg. Hier wollen wir über Leistung punkten. Über Zielerfüllung und Belastbarkeit. Über die Summe der Überstunden oder über die Anzahl der Publikationen. Doch keiner der Männer reagiert. Keiner erkennt in uns die Bedrohung. Am liebsten würden wir laut drauf los schreien! Was nur machen wir falsch?

Männer sind wie Hunde. Und wir sind für sie wie Welpen. Verstanden? Für gewöhnlich tolerieren Hunde Welpen einfach, sehen in ihnen aber keinen ebenbürtigen Konkurrenten. Alles klar, oder? Männer würden nie auch nur auf die wahnwitzige Idee kommen mit uns ernsthaft zu konkurrieren, geschweige denn mit uns in den Vergleich zu ziehen. Auch ein Grund, warum wir uns beruflich ausgegrenzt fühlen. Wir werden im Normalfall nicht als das unüberwindbare Hindernis angesehen.

Trifft meistens ja auch zu. Warum das jetzt so sein soll? Hierzu gibt's auch eine Erklärung. Frauen ist das Arbeitsumfeld wichtig, d. h. macht es Freude morgens zur Arbeit zu gehen? Sind die Kollegen nett? Läuft der Arbeitsalltag harmonisch? Lieber akzeptieren Frauen die Eigenheiten mancher Mitarbeiter, als Probleme zu klären. Genauso wenig sind sie gut darin, eine angemessene Gehaltserhöhung zu fordern. Dazu kommt, dass ihnen die Freizeit mehr wert ist, als den Männern. Nebenbei bemerkt, oft ein Grund, weshalb Frauen Führungspositionen ablehnen. Ein weiterer Grund ist im Übrigen das Arbeitsklima. Gilt es den Posten des Teamchefs neu zu besetzten, findet sich in den seltensten Fällen eine Frau aus selbigem Team um diese Rolle zu übernehmen. Keine will das Klima gefährden. Dann lieber innerlich unzufrieden sein.

Für Männer sind diese Gedanken nicht existent. Die kämpfen. Es ist ihnen egal, wie das Klima ist. Arbeit ist Arbeit. Und mit Macht ist die Arbeit besser. Schließlich laden sie ihre Kollegen ja nicht zum Geburtstag ein – Frauen tun das gern.

Und wie sind die Frauen nun gestrickt, also untereinander? Hier können Sie sicher bestätigen, dass Handtaschen ein großes Thema darstellen. Nicht ohne Grund ist es möglich, sich online die angesagtesten It-bags wochenweise zu leihen. Uhren werden als Schmuck angesehen, anders als beim Mann, hier zählt

Marke, Technik, Wert. Vergleichbar ist dann noch der Beziehungsstatus. Singles sind hier ganz arm dran. Während verlobt oder verheiratet echt angesagt ist. Später wird sich über die Leistungen der Kids definiert. »Die Cassandra-Theodora hat im Ballett den Schwan tanzen dürfen, und in Mathe haben WIR eine eins geschrieben«.

Viele definieren sich auch über ihren Partner, so ist ein gesellschaftliches Upgrade und der Neid der anderen am schnellsten möglich. Über Luxustaschen, Designerkleidung und Schmuck muss Madame sich ab diesem Zeitpunkt dann nicht mehr selbst kümmern. Bingo!

Gut, also brauchen wir uns eigentlich nicht mehr abzurackern wie die Zahnrädchen, weil wir wissen, dass es nichts bringt. Oft ist das Gegenteil der Fall. Die männlichen Kollegen sind nämlich auch gewieft. Sie haben längst begriffen, dass ihre Kolleginnen sich um Fleißarbeiten reißen, ohne groß Anreize geboten zu bekommen.

Meine Damen, hören Sie auf damit, sich aufreiben zu lassen, und konzentrieren Sie sich auf das Wesentliche, anstatt den Trottel im Büro zu mimen. Am Ende ärgern Sie sich doch nur wieder.

Freya Frauenknecht

KINDER?! WARUM FRAUEN HUNDE HABEN

Sie haben früher sicher auch gern mit Puppen gespielt, richtig? Wenigstens hatten wir damals noch mehr Farbauswahl, was die Puppenkleidchen angeht. Heute gibt es ja alles nur noch in pink und rosa. Schade eigentlich. Mal sehen wie gut die kommenden Generationen dann im Farbmixen sein werden. Ach was solls, wir haben ja ausreichend Farb- und Stilberaterinnen.

Also, warum haben Frauen Hunde, wahlweise auch Pferde? Menschen sind so ausgerichtet, dass sie es bevorzugen zu zweit zu leben. Als Paar oder Familie. Gut, das ist klar. Momentan sieht es allerdings düster aus in Sachen langfristiger Beziehungsführung. In einer Zeit, in der wir heiraten und uns scheiden lassen, ohne es ernst zu nehmen, worauf wir uns einlassen, ist auf das Modell ‚Für immer und ewig' kein Verlass mehr.

Man lernt sich kennen – alles rosa. Man streitet, nennt das dann großzügig ‚Grenzen abstecken' und man rauft sich wieder zusammen. Später merkt man, dass man nun Arbeit in die Partnerschaft stecken müsste, weil irgendwas schwierig wird. Sei es, dass er arbeitslos wird, dass sie dicker geworden ist oder, dass man sich überlegt zusammenzuziehen. Irgendwie sind Leichtigkeit und Unverbindlichkeit abhandengekommen. Man kennt sich jetzt. Stärken, Schwächen – die Fassade ist weg. Wenn er krank ist, jammert er wie jeder andere Mann. Bei Vollmond würde er ihr am liebsten aus dem Weg gehen. Wie überall. Es wird langweilig. Das Paar geht im Guten und einvernehmlich auseinander. Auf facebook bleibt man befreundet um den Schein zu wahren. Die gemeinsamen Fotos nimmt man erst nach und nach raus.

Wir werden ständig überflutet mit Neuem. In sozialen Online-Netzwerken erhalten wir täglich neue Kontaktanfragen. Wir vermarkten uns wie das Premium-Produkt unserer eigenen Firmengruppe. Wen wundert es da noch, dass sich keiner langfristig und mit Haut und Haar binden möchte, wenn doch jederzeit was Besseres auf dem Silbertablett dargereicht werden könnte.

Potenzielle Kandidaten werden erst mal gegoogelt. Gemeinsame Online-Freunde werden ausfindig gemacht. Man checkt die Vita und die Ex-Partner aus. Ist alles ok, trifft man sich. Und so geht es immer weiter. Anscheinend von der breiten Masse der Paarungswilligen akzeptiert und neuerdings sogar per Smartphone, in allen Lebenslagen und voll automatisiert, machbar.

Man ist Produkt. Man ist austauschbar, vergleichbar. Es wirkt wie im Online-Versandhandel. Es fehlt noch, dass facebook Empfehlungen abgibt: »Frauen, die mit Karsten und Sepp in einer Beziehung waren, waren auch mit Tobias, Günter und Lars befreundet. Mit Kai und Peer war es kompliziert. Mit Maaren waren sie hier: Lovehouse 69 ... « Soll es soweit kommen? Momentan sieht es ganz so aus. Wir sind doch schon mitten drin!

Weil alles so düster ist, und Frauen eigentlich gerne eine Familie hätten, aber diese nicht wirklich zustande kommen kann, angesichts dieser Beziehungs-Konstellationen, setzen sie auf den ‚treuen Begleiter'.

Mädels kümmern sich gern um das Wohl anderer. Das liegt in unserer Natur. Wir sind auch gern in Gesellschaft, das ist uns ebenfalls mit in die Wiege gelegt worden. Wir sind keine Lonely-Rider, keine Jäger und keine Einsiedler. Wir suchen nach neuen Lösungen. Schließlich wissen wir ja jetzt, dass die Chance einen Partner zu finden, mit dem wir es dauerhaft aushalten können, schwindet. Um einen Partner zu haben, der unsere Liebe schätzt, der uns versteht, und der uns sicher bleibt, kommen wir auf den Hund. Haben wir etwas mehr Zeit zur Verfügung, setzen wir auf ein

Pferd. Nun ist die unangefochtene Nummer eins der tierische Begleiter.

Endlich haben wir einen Grund, um zu Hause zu bleiben, von grausamen Veranstaltungen. Endlich können wir Dinge shoppen für den Racker. Wir können frisieren, erziehen, füttern, kuscheln. Toll! Wie damals als Mädchen. Wir übernehmen Verantwortung. Und, das Wichtigste, wir werden nicht verlassen!

Eigentlich doch dramatisch. Frauen verlassen sich nicht mehr darauf, eine Familie haben zu können. Sie arbeiten auch nicht an sich, dass es klappen könnte. Immer ist etwas im Weg. Immer ist der Typ nicht der Richtige. Nie lassen sie sich wirklich auf was ein. Aber dann seltsamerweise auf ein Tier? Hier kann man Mutter-Kind spielen und den Vater einfach mal außen vor lassen. Man bespielt Tiere und umgeht die Riesenaufgabe ‚Kleiner Mensch'. Die Tiere werden angezogen, immer farblich passend zur Hunde-Mama. Sie werden mit High End Futter in Form gehalten. Sie werden zum Hundefriseur getragen. Zauberhaft. Die Männer werden auf den zweiten Platz degradiert, wenn sie denn überhaupt noch interessant sind. Wenn sie Glück haben, dürfen sie sogar mit ins Bett. Oft liegt da nämlich bereits der Hund drin. Pech, wenn es sich hierbei um einen dynamisch-süßen Dobermann handelt.

Uns signalisieren die Hundebesitzerinnen ihre Unabhängigkeit. Sie sind erwachsen und kümmern sich. Die Vermutung liegt nahe, dass Frauen hier irgendwas kompensieren. Den nicht erfüllten Kinderwunsch? Oder gar schlimmer, die nicht gelingen wollende Bindung auf lange Zeit oder für immer?

Klar ist, dass sich jede danach sehnt, geliebt zu werden. Klar ist auch, dass jede endlich ankommen will. Offensichtlich ist das Tier der Lückenfüller. Es ist toll, wenn jemand daheim ist, wenn man von der Arbeit nach Hause kommt. Es macht Spaß gemeinsam laufen zu gehen. Und am Tollsten ist es, immer recht zu haben.

Ein Tier unterwirft sich dem Frauchen, mit einem Mann müsste sie sich auseinandersetzen. Darauf hat sie keine Lust. »Das Leben ist ohnehin schon anstrengend genug«, hört man dann. Und überhaupt sei sie jetzt viel glücklicher und unabhängiger. Sie hätte nun endlich wieder das Gefühl gebraucht zu werden, wenn ihr schon keiner ein Kind machen wollte.

Freya Frauenknecht

DIE ZEIT LÄUFT! ALLEINERZIEHENDE

Ich bedaure es auch, dass es schon wieder ums Kind geht. Doch das Thema ist mit uns Frauen einfach verdammt eng verwoben. Echt dumm gelaufen. Trotzdem bin ich dafür, dass wir uns jetzt intensiv damit auseinandersetzen.

Ich gebe zu, ich hab ins gleiche Horn geblasen: »Gut, wenn ich dann eben bis 45 keinen finde, geh ich zur Samenbank und such mir dort das Passende aus«. Einige von uns denken so, andere haben es bereits machen lassen.

Als unabhängige Frau, die ihren Alltag mühelos bewältigt, klingt das wirklich nett und bietet auf den ersten Blick eine echte Alternative. Bloß, was ich damals beim Gedanken an diese vermeintliche Lösung außer Acht gelassen habe, ist einiges mehr.

Wir sind umgegeben von alleinerziehenden Müttern und Vätern. Es scheint gängiges Modell geworden zu sein. Jeder kommt locker klar damit. Nach außen hin jammern die wenigsten. Aber trotzdem – ist das der Weg zum Glück?

Sicher hätten es sich viele auch anders gewünscht. Gemeinsam mit dem Partner das Kind schaukeln etc. Gut, das ist bedauerlich. Nichtsdestotrotz hat es den Anschein, dass immer mehr Mamas von vornherein auf den Vater verzichten.

Ein charmanter, attraktiver Mann mittleren Alters steckte mir vor Kurzem, er sei gefragt worden, ob er einer Frau nicht ein Kind machen wolle, denn er hätte ja so hübsches und dichtes Haar. Sagenhaft! Ich glaube mittlerweile echt alles. Auch bekommen viele Singlefrauen aus heiterem Himmel Nachwuchs, und fragt man dann nach dem Papa, erntet man böse Blicke und erhält keine Antwort. Ok, also ist es gängige Praxis geworden, sich einfach ein Kind machen zu lassen. Über die Probleme denkt hier wohl keiner nach, oder?

Lassen Sie uns das jetzt Mal gedanklich durchgehen. Sie sind Single. Keine Beziehung in letzter Zeit war der Burner. Sie haben sich bereits einen Hund zugelegt, doch der erwartete Effekt blieb aus. Sie haben den Hund deshalb der Mutter zum Geburtstag geschenkt. Ok.

Nun richten sich ihre Erwartungen und Hoffnungen auf ein Baby. Ein süßes, kleines, wohlduftendes, hilfloses, schreiendes kleines Ding. Ist in Ordnung, da können Sie nichts dafür, so sind wir konzipiert – alles bestens.

Sie diskutieren mit Freundinnen, Kolleginnen, und kommen alle zu dem Entschluss, dass gegen künstliche Befruchtung mit Spender-Sperma wirklich nichts einzuwenden sei, schließlich könne man sich ja genmäßig einen Überblick verschaffen.

In Gedanken gestalten Sie das Kinderzimmer, kaufen Babykleidung, Babynahrung und shoppen Umstandsmode, die ja immer lässiger wird. Sie üben den obligaten Watschelentengang und sind davon überzeugt, dass Ihnen ein Babybauch besser steht, als der Kathi von gegenüber. Sie checken Spielplätze und Kinderkrippen in der Nachbarschaft aus, wechseln in Gedanken auch schon den Wohnsitz wegen der Qualität der Grundschule. Nur nichts dem Zufall überlassen.

Noch ist alles hochinteressant. Jeder gibt seinen Senf dazu, und man ist gerne gesehener Partygast, da man ja so viel preiszugeben hat. Nachdem Sie die Leihmuttervariante aus Kostengründen ausgeschlossen haben, müssen sie ihr Umfeld wohl einweihen.

Damit nichts zum Zufall überlassen wird, führen Sie erste Gespräche mit ihrem Chef. Hier geht es zunächst um die Installation eines Home-Office. Er sieht keine Probleme, im Gegenteil – große Freude! Nun kann er an Ihren Schreibtisch einen der zahlreichen fleißigen und namenlosen Praktikanten ohne Einkommen setzen.

Gut, nach einiger Zeit hat es geklappt. Sie sind schwanger! Ihre Eltern reagieren panisch und verwirrt, denn schließlich hat man sie ja aufgeklärt, und das mit dem Storch hätten Sie doch bitte nicht wörtlich nehmen dürfen. Sie hätten ja schon gerne auch einen Schwiegersohn gehabt. Schließlich tut sich der Vater mit dem Heckenschneiden schon so schwer, und auch sonst wäre das praktisch.

Erst nach und nach wird den Eltern bewusst, dass Sie ja die Hauptleidtragende sind, so ohne Versorger. Sie erläutern Ihren ‚Mammi-Business-Plan'. Alles genau organisiert. Alles verläuft gut, Sie bekommen ein gesundes Baby. Toll!

Nun stellt sich heraus, dass ihre Freunde nichts mehr mit ihnen anfangen können. Die Städtetrips sind schwierig handzuhaben für Sie. Genau so die durchtanzten Nächte – undenkbar. Sie verlieren die alte Clique. Neue Freunde finden sich kaum, da in den Krabbelgruppen ‚Jeder gegen jeden' gespielt wird. Die paar anwesenden Singlemänner gelten als Freiwild. Die

Mammies sind keine Leidensgenossinnen, sondern zähe und eiskalte Wettbewerberinnen im Kampf um den Flirt.

Oh Mann, wenn Sie das auch nur ansatzweise geahnt hätten. Die anderen alleinerziehenden Frauen vom Spielplatz haben menschliche Erzeuger, die das Kind jedes zweite Wochenende nehmen. So können sie sich um Freundschaften oder den Wohnungsputz kümmern, sagen sie. Hm, das alles haben Sie nicht. Schöner Mist. Bei den Verehrern von damals geht auch nichts mehr, da ist man abgeschrieben. Echt blöd. Und jetzt?

Das ist ja dann erst der Beginn einer lebenslangen Geschichte. Ein Kleinkind und den Beruf zu deichseln ist ja bereits eine Höchstleistung, aber das alles dann auch noch ganz bewusst ohne Partner an der Seite, ist ein Wahnsinn!

Die Sorgen werden größer, da reicht der Blick zurück in die Zeit des eigenen Heranwachsens! Sie werden isoliert, denken Sie an die Singles zurück, die von den Paaren ausgeschlossen werden, vorwiegend wie angedeutet von den weiblichen Beteiligten.

Allein mit Kind, das ist noch auszuhalten, wenn es einfach nicht anders ging und wenn man sich mit dem Kindsvater ab und an austauschen oder abwechseln kann. Luxuriös, wenn die Großeltern und das eigene Umfeld mithelfen.

Aber so ganz allein?! Das ist doch echt crazy! Der Gedanke ist zwar keck, aber funktionstüchtig doch nur bei Privatiers und Top-Verdienerinnen. Wobei hier auch fraglich bleibt, ob es das Ziel ist, das Kind von der Nanny oder dem Au-pair-Mädchen aufziehen zu lassen.

Sie wollen doch eigentlich Ihre persönlichen Werte und Ansichten vermitteln. Ihren Standpunkt weitergeben. Wenn Sie ohnehin weiter Ihrem Job nachgehen, und das Kind nur wollten, weil ‚die Anderen' ja schließlich auch alle eins bekommen, dann ist das ganz schön egoistisch von Ihnen.

Kinder brauchen auch heute noch Nestwärme und sind kein Accessoire, das man beliebig austauschen kann. Sicher, es kann funktionieren, aber wäre es nicht doch netter mit einem Mann? Berücksichtigen Sie die vorangeschrittene Feminisierung, die Kinder brauchen Männer um sich herum.

Angesichts der Tatsache, dass Frauen denken, mit Kind hätten sie jetzt wirklich alles geschafft im Leben, ist es nachvollziehbar, dass manche unter uns das Wagnis eingehen, und sich allein auf den Weg in die Familiengestaltung begeben. Aber ist da nicht grundsätzlich was ordentlich fehlinterpretiert worden? Nur, weil es die

Medizin heute ermöglicht, heißt es noch lange nicht, dass es ein Kinderspiel ist, alles alleine zu schaffen.

Alleinerziehende tragen die Verantwortung für ihre Kinder oft mutterseelenallein. Sie können ihre Sorgen nicht einfach teilen, müssen alles mit sich selbst ausmachen, und haben selten die Schulter zum Anlehnen, die sie bräuchten.

Was tun Sie, wenn der Kindergarten die Väter auffordert, ein Gartenhaus zu bauen? Hey, kein Ding, ich traue uns Frauen alles zu – doch heftig ist das allemal!

Freya Frauenknecht

JUNGER LIEBHABER – DER AUCH PAPI SEIN MAG

Es ist der heiße Typ, den sie in der brandneuen Bar kennengelernt hat. After-Work waren sie noch was trinken. Warum? So halt, das macht man heut so. Und überhaupt wurden sie vom Chef eingeladen, weil sie das Umsatzziel fürs dritte Quartal übertroffen haben. Die Feste muss man auch heute noch so feiern, wie sie fallen.

Sie ist verheiratet. Hat zwei Söhne, der Jüngere macht gerade sein letztes Schuljahr auf dem Gymnasium. Sie ist Mitte 40, hat früh geheiratet, zu früh sagt sie heute. Ihr Mann? Tja, kein unrechter Kerl an sich. Er weiß halt einfach manchmal nur nicht genau, wo er wirklich hingehört. Vor allem wenn er mit seinen Saunisten Männerurlaub in Thailand macht. Ja – die Landschaft ist wunderbar dort, und das Klima täte ihm ja da auch so gut. Ja – so ein gastfreundliches Land. Echt spitze.

Zurück zum heißen Eisen in der Bar. Mitte 20. Stählerner Körper. So was von atemberaubend männlich und einfach unverschämt schön. Blickkontakt. Hot! Sie ist hin und weg. Sie tauschen Nummern aus. Keine Ahnung wie das passieren konnte – egal! Sie gehen raus – knutschen! – fühlen sich wie Teenager ohne zu Hause – episch! Wie auf ‚Wolke 7' fährt sie heim ins Vorstadthaus zum Vorstadtmann – öde!

Sie fühlt sich jung, begehrenswert und attraktiver denn je. Ihr Mann bemerkt nichts. Beim Frühstück regt er sich über das zu weiche Ei auf. Die Ananas sei auch nicht liebevoll geschnitten, und überhaupt, warum habe er denn noch keine aufgeschäumte Milch auf seinem Espresso?! Ok – sie switcht vom Stand-by-Modus auf volle Kraft. Presst noch schnell ein paar Orangen aus, um sich abzureagieren. Toller Start. Hätte doch alles so gut laufen können heute. Der Beginn einer Katastrophe.

Sie hat bemerkt, dass sie liebenswert ist. Für ihren Mann war sie stets selbstverständlich. Er hat sich schon lange nicht mehr um sie gekümmert. Irgendwie hat er das wohl vergessen in seinem Alltagsbrei. Gesehen haben sie sich ja oft nur noch zum Frühstück. Sie hat keine Ahnung, wo er sich rumgetrieben hat.

Bald werden sich die beiden Vorstadt-Indianer vor dem Scheidungsrichter darauf einigen, dass die Ehe zu zerrüttet ist, um sie fortzuführen. Auf das Trennungsjahr würden beide gerne verzichten. Schlimm.

Das mit dem heißen Flirt klappt gut. Sie wohnen nun sogar zusammen. Es ist himmlisch. Sie wird umschwärmt, verwöhnt, geliebt. Sie ist wie ausgewechselt. Strahlt, lebt, tanzt, lacht, könnte die Welt umarmen. Die Beziehung entwickelt sich grandios. Besser als in ihren kühnsten Träumen. Nach der üblichen Testphase, wir erinnern uns: »Darum prüfe, wer sich ewig bindet …«, wird geheiratet. Rauschendes Fest im kleinen Kreis. So könnte es immer weiter gehen. Sie wird verwöhnt, bekocht, umgarnt. Der neue Partner ist so, wie der Vorgänger niemals war. Ein frischer Typ, voller Elan und Lebensfreude. Immer fit, belastbar und gut drauf.

Die Freundinnen trauen dem Frieden nicht. Sie suchen nach Fehlern. Sie machen permanent auf den Altersunterschied aufmerksam. Betonen, welch aufregendes Single-Leben sie doch genießen würden. Und ob sie sich denn sicher sei, dass sie mithalten könne mit den jungen Party-Hyänen.

Die Söhne wollten ihn der Mutter nicht ausreden, schließlich soll sie es doch auch mal gut haben im Leben. Und daher lässt sie es sich so richtig gut gehen.

Sie klammert die Meinung der Freundinnen aus, lässt kleine Korrekturen vornehmen, naja, Botox macht man heute ja zwischen Vormittagsmeeting und Telefonkonferenz. Sie beschenkt ihn, leistet ihm Starthilfe, kauft ihm ein Auto und nutzt ihre Kontakte um ihn gut in der Geschäftswelt zu positionieren. Alles palletti – läuft.

So geht das eine Weile ganz gut. Sie lieben, achten und ehren sich. Einige Zeit später hat er abends immer wieder Termine. Zufällig kommt sie ihm drauf, dass diese Termine Salsakurse sind. Sie stellt ihn zur Rede. Kleine Krise ... Nein: Riesenkrise! Er wünscht sich Kinder und wollte sie nicht behelligen, sucht nach jüngerem Modell! – Krass! – Pause – Atmen!

Sie setzt fortan Himmel und Hölle in Bewegung, macht Hormontherapien, nichts geht mehr! – What the fuck ...! »Fünf Jahre zu spät meine Liebe«, seufzt der Arzt.

Inzwischen ist sie gute Mitte 50 und allein. Er, Vater von zwei traumhaften Kindern, liiert mit stolzer Mama. Für keine weibliche Altersgruppe ist es schwerer jemanden kennenzulernen als für ihre, meint man in den Social-Media-Expertenkreisen. Sie ist ein Ferrari unter den schicken Damen, und dennoch auf dem Abstellgleis. Es ist grausam.

Sie steckt im pulsierenden Leben und hat das Gefühl nicht mitmachen zu können. Sicher, sie konnte sich eine Familie verwirklichen. Beruflich hat sie den

Wiedereinstieg bravourös gemeistert. Sie ist unabhängig und zweimal geschieden. Na, hätte sie das gewusst ... Trotzdem war jede Sekunde schön. Und sie weiß nun, wie Liebe sein kann, und was wahre Leidenschaft ist. Sie bereut nichts und würde es genau so wieder machen.

Ihre Freundinnen – schadenfroh! Sie glücklich und zufrieden so etwas Tolles erlebt zu haben. Sie hat nun Enkelkinder und unabhängig davon, auch die nötige Gelassenheit alles locker anzugehen. Sie setzt sich nicht unter Druck. Ist fest davon überzeugt, dass alles so kommt, wie es kommen muss.

Sie besucht einen ihrer Söhne zum Mittagessen an einem strahlenden Sonntag. Er leitet ein traumhaftes Lokal, sehr idyllisch gelegen. Sie ist überglücklich und stolz. Nach dem Essen genießt sie die Sonne und ist so nah bei sich wie nie zuvor. Und ausgerechnet hier beginnt eine neue Liebe. Sie lernt einen charmanten und gebildeten Herrn gleichen Alters kennen. Er beeindruckt sie nachhaltig und ist auf gleicher Wellenlänge. Happy End – echt wahr!

Lerneffekt: immer liebenswert, immer schön, immer begehrenswert. Seid, wie ihr seid. Verstellt euch nicht. Hätte die Dame nicht sich selbst vertraut, wäre alles anders gekommen. Steht zu euch und hört nicht auf Besserwisser.

Freya Frauenknecht

JUNGGESELLINNENABSCHIED

»Ich schwöre es, ich geh auf keinen Junggesellinnenabschied mehr«, höre ich mich sagen, als ich angepisst zur Haustür rein stolpere. Hatten Sie bereits das Glück Trauzeugin zu sein? Was für eine Ehre die auserwählte Dauersklavin zu sein und dabei lassen wir die Kostenseite und das vorzeitige stressbedingte Altern noch ganz außer Acht.

Woher kommt denn diese glorreiche Idee eigentlich? Bestimmt wieder aus den Vereinigten Staaten. Egal, aber war der Junggesellenabschied bis vor Kurzem nicht noch reine Männersache?

Frauen können es bekanntlich kaum erwarten, endlich in den Hafen der Ehe zu schippern. Glaubt man den Männern, so kommt es für den Großteil der absoluten Aufgabe ihrer Freiheit gleich. Auch wenn sich nichts groß ändert, fühlen sie sich als hätten sie ab dem Tag der Eheschließung mit dem Ehering Minihandschellen verpasst bekommen. Aber Männer sind trickreich und erfinderisch. Und so kommt es, dass es für viele von ihnen dann auf einmal zu ‚gefährlich' ist, einen Ring zu tragen – ne, ist klar. Daher fängt so mancher unauffällig vor der Ehe an, sich eine Motorsäge zuzulegen und sich ein Fleckchen Wald zu pachten – damit die Ausrede was taugt, und kein Ring angeschafft werden muss! »Schatzi, weißt, dann haben wir noch dazu ein größeres Budget für deinen Ring«, strahlt er sie dann an.

Erster Unterschied. Merke: Frauen stehen auf sichtbare Zeichen der Liebe – Männer nicht.

Zurück auf Start. Ursprünglich war der Junggesellenabschied eher anders gedacht. Der Bräutigam hielt beim Vater der Braut um deren Hand an. Wurde belehrt über seine neue Verantwortung und über seine Pflichten als Ehemann. Er machte sich seiner neuen Rolle bewusst. Ging in sich. Bereitete sich vor und er bekam Lebensweisheiten mit auf den Weg. Klingt doch nach einer guten Sache.

Zieht man nun den einfachen Vergleich zur heutigen Realität, muss man tief Luft holen, um schließlich festzustellen, dass sich werdende Gatten, am Junggesellenabschied, wie offene Hosen verhalten. Sicher haben Sie sich auch schon des Öfteren für diese besoffenen und widerlichen Männerrunden in Bademänteln auf den schönsten Plätzen dieser Erde fremdgeschämt.

Der Mann von heute wird von seinen treuen Kumpels zum Flughafen geschleppt. Von dort geht es ab in die Ferne. Gerne ins benachbarte Osteuropa. Oder auch nach Mallorca. Warum?

Der Klischees wegen geht es ins östliche Europa, der Puffbesuch ist hier preiswerter, die Mädels hemmungslos, jung und wunderschön. Man bekommt mehr fürs Geld. Sicher kritisieren Sie nur rum, aber selbst Männer mit edlem Anstand finden oft auch »Tight is right«, also eben doch »Geiz ist geil«. Schließlich war der Verlobungsring ja schon so unverschämt teuer!

Mallorca und Ibiza sind auch nicht schlecht. Von hier kann man wunderbar zu Hause anrufen und erzählen, man läge nur am Strand, oder wäre nur auf dem Boot gewesen. Von den willigen Singles auf der Schinkenstraße oder den geilen Bunnys vom Call-Service sagt man einfach nichts. Schließlich gehört das ja dazu. Die verlobten Männer verabschieden sich von ihrem Singleleben.

Alles klar. Ich kann dem bloß nicht folgen. Ist es nicht in Wirklichkeit so, dass sie keine Junggesellen bzw. Singles mehr sind? Sind sie denn nicht seit nunmehr ein bis zwölf Jahren fest liiert?! Da muss ich wohl mal wieder was nicht kapiert haben. Witzig, oder? Aber so ist es. Die Nutznießer? Alle mitreisenden Kumpels. Aus Gruppenzwang müssen sie mit machen. Blöde Sache.

Endlich mal eine Ausrede für ordinäre Fremdschüsse. Meistens zu besoffen, um noch irgendetwas zu schnallen. Klar, denn sonst hätten sie Angst vor ihrem eigenen Mumm. Oh ja, ihr seid es! – Genau diese Männer bringen uns zur Ekstase.

Da wir Frauen uns das nicht einmal ansatzweise so vorstellen möchten, veranstalten wir so dermaßen blamable und aberwitzige Gegenveranstaltungen, die mehr dem Kindergeburtstag eines fünfjährigen Mädchens gleichen, als einer Party für erwachsene heiratswillige Frauen. Gut, einen gravierenden Unterschied gibt es doch zur Kinderparty – Sie ist wenigstens lustig! Auf der Junggesellinnen-Party hingegen sind alle stockbesoffen und werden sich zu späterer Stunde seit Jahren wieder mal die Seele aus dem Leib kotzen.

Was bringt Frauen nur dazu, sich freiwillig so zu erniedrigen? Manche veranstalten diesen Affenzirkus ja dann auch noch im Heimatviertel der Eltern. Knutschen fremde Männer für einen Tequilla-Shot. Jetzt sagen Sie sicher, die Braut könne ja nichts dafür. Schuld seien doch Trauzeugin und Freundinnen. Mhm. Ok, stattgegeben, aber um ehrlich zu sein macht es das nur noch fataler!

Hier der Beweis! Viele der weiblichen Freundinnen wollen die baldige Ehefrau am Boden sehen. Sie soll sich gefälligst mal schön zum Deppen machen, während sie im Rahmen dieser ‚Party des Schreckens' ungeniert baggern können. Jeder achtet auf die Braut, keiner kann bei ihr langfristig landen. Die ‚Jungfern' nutzen daher die Gunst, um in neuem Glanz zu erstrahlen. Abgesehen davon soll die Braut nicht zu schön und ohne die Anzeichen eines Suffs vor den Altar, böse Eiterpickel und kleinere Verletzungen ergeben sich in einer solchen Nacht wie von Geisterhand.

Tun Sie jetzt nicht so entsetzt. Solche Biester gibt es. Vielleicht haben Sie ja Glück und haben diese Krähen schon aus ihrem Umfeld katapultiert. Aufrichtige Glückwünsche, dann müssen Sie dieses Desaster, im Falle des Falles, nicht durchmachen. Die ganz Lieben schenken einem vor der Hochzeit nämlich noch ordentlich Süßkram für die Nerven, in der Hoffnung, dass das Kleid vorm Pfarrer platzt. Soll ja alles schon passiert sein, gell, Marie-Sophie?! Schlimm. Missgunst. Und warum? Weil alle in Sicherheit sein wollen. Weil keine übrig bleiben will. Weil jede stolz sagen will, sie wüsste, wie man Männer zu diesem Schritt bekommt. Und genau deshalb akzeptieren die Bräutchen und zukünftigen Gattinnen auch diverse Fehltritte und Eskapaden ihrer eigentlich nicht heiratswilligen Männer. Manche würden alles dafür tun, um endlich ‚von der Straße weg' zu sein.

Hey ihr bunten Schiller-Enten, werdet endlich erwachsen und lasst das mit den scheußlichen T-Shirts, den hässlichem Trinkspielen und dem Gebettel um ein paar Euro. Wollt ihr uns wirklich so nach außen hin darstellen?!

Freut euch lieber, dass Menschen tatsächlich noch die Courage besitzen, sich auf das Wagnis Ehe einzulassen! Zerstört den gesäten Samen nicht aus Neid und Missgunst, liebe Zimtzicken und Kumpels! Unterstützt eure Freunde und gebt ihnen Halt! Mehr Herz! Mädels bewahrt eure Weiblichkeit!

DER NESTBAU UND DIE BABYNAMEN

Wie üblich sind Menschen unterschiedlich in ihrer Art, daher hier nun zwei Typen.

Version 1: Ein Paar in einer herkömmlichen deutschen Großstadt. Beide berufstätig. Beide dynamisch. Beide lebensfähig. Beide leben in einer eigenen Wohnung. Man besucht sich. Keiner der beiden ist ehrlich. Beide angepasst. Sie gehorchen dem Diktat der Medien und spielen Realitysoap. Sie gehören zusammen, und das seit zwölf Jahren. Sie wollen beisammenbleiben. Keiner gibt es zu. Beide machen auf unabhängig. Sie schlimmer als er.

Ok, alt bekannt. Kennen wir. Geändert wird nichts. Montag bis Donnerstag bleibt er bei ihr. Freitag bis Montag früh bleibt sie bei ihm. Das passt so recht gut, betonen sie, denn dann sei für beide der Weg zum Zentrum des Schaffens kürzer. Die Wochenenden passen dann super bei ihm, da er die bessere Anbindung ins Grüne hat. Alltag haben sie keinen. Jeder wurschtelt nebenbei herum mit Waschen und Putzen. Kochen haben sie outgesourct, das machen sie, wenn überhaupt, nur am Sonntag. Ok. Schade, aber eher normales Beziehungsschema. Zusammenziehen – kein Thema. Zusammenleben für immer – erst recht kein Thema. Über so etwas zu sprechen ist ja so was von anstrengend, da würden sie ja lieber noch zehn Urlaube im Voraus planen und dreimal umziehen, so sehr turnt sie das an.

Irgendwie ist es dann echt saudumm hergegangen. Sie war krank und hatte einen Riesenstress in der Akademie, und er hat wohl nicht aufgepasst, kann mal passieren, wenn man sich nicht extrem konzentriert. Resultat: ein bisschen schwanger. Schöner Scheiß. Den ersten Schock hat das Paar mit Fassung bewältigt. Sie war übrigens entsetzter als er, denn er hatte das ganze letzte Jahr schon fast darauf gewartet. Er hat nichts gegen Kinder. Denkt, dass er sowieso umgeben ist von lauter Schrazen, seit seine Anwaltskolleginnen ihre Schreihälse mit ins Büro bringen. Er begrüßt es, dass er sich bald mit seinem Sprössling an seinen Kolleginnen revanchieren bzw. rächen kann.

Nun kommt alles zur Sprache, was bisher ausgeschwiegen und ausgesessen wurde. Die beiden Wohnungen sind logistisch und kostenmäßig nicht zu rechtfertigen. Das praktischere Domizil wird behalten. Und jetzt, das Schwierigste: Haushaltszusammenführung! Sicher würden einige von Ihnen jetzt gern aufs Klo gehen, denn es wird unangenehm. Oh ja. Nach Endlosdiskussionen und einer kleinen Paartherapie einigt man sich darauf, vieles zu verkloppen, und von ganz vorne anzufangen. Neue Wohnung, neue Ausgangslage, denken sie sich. Ein Blick in den Mietspiegel zwingt das junge Glück dann doch zum Umdenken. Sie müssen die Wohnung behalten. Gut. Doch was nun? Er hängt an seinen Teilen genau so wie sie an ihren.

Der Entbindungstermin rückt näher, und auf einmal geht es schnell. Sie überlegen nicht mehr lange und machen einfach. Beide verlieren ein paar Möbel, beide müssen Abschiede in Kauf nehmen. Es entsteht wie von Zauberhand ein superlebendiger neuer Lebensraum für eine kleine Familie. Die Beteiligten sind glücklich, doch noch alles gebacken bekommen zu haben. Sie sind froh, nicht zu viel Zeit gehabt zu haben – sie hätten sich sonst nie geeinigt, und wären vor lauter Diskutieren nicht mehr dazu gekommen, auch noch miteinander ins Bett zu gehen.

Sie meinen, alles wäre genau richtig gewesen, und nein, über Kindernamen habe man sich auch noch keine Gedanken gemacht. Schließlich muss ja alles zum neuen Erdenbürger passen. Logo, oder?

<u>Version 2</u>: Ein Paar lernt sich kennen. Online. Das Profil stimmt zu 98,7 % überein. Ganz groß! Dass man

so eine Chance nicht ungenutzt lassen soll, versteht sich von selbst. Freunde berichten, dass sich ihr halber Freundeskreis auf diese Weise kennen und lieben lernte. Eine andere Freundin meinte, am wichtigsten sei es bei diesen Online-Profilen, das eigene jährliche Netto-Einkommen unbedingt mindestens mit Faktor 2,7 zu multiplizieren, wie im Einkauf halt, den EK und VK. Egal jetzt, das nur am Rande.

Die Onliner treffen sich, mögen sich. Es folgen Unternehmungen. Die Freunde stimmen zu, die Eltern freuen sich. Alles bestens. Gleiche Interessen, überraschenderweise etwas (krass!) voneinander abweichende Netto-Einkommen, jedoch gleiche Ansprüche an Wohnen, Lifestyle, Lebensart, Status und Figur. Beide lieben Sport. Beide lieben Geld. Beide lieben sich selbst. Perfekt. Da kommt dann wieder Dorothes Lieblingskommentar: »Die Liebe kommt einfach mit der Zeit«. Na, wenn sie das so sagt, dann lassen wir das Mal so stehen.

Man einigt sich, das Risiko zu nehmen, getreu dem Motto »love is a risk – take it«. Man zieht nach sechs Monaten zusammen. Sie spielen perfektes Paar. Machen die obligaten Pärchen-Städte-Trips, die Ski-Wochenenden und den Lawinen-Kurs. Er lässt sich für sie die Zähne machen, sie wird blond für ihn. Jetzt läuft es bald richtig super ... denken sie.

Die schicke Wohnung im Stadtzentrum wird teuer und nach aktuell üblichen Designvorgaben gestaltet. Man steht ja kaum zu sich selbst, da kann man eigene Stilsicherheit in Einrichtungsfragen nicht unbedingt erwarten. Aber kein Problem, es gibt Orientierungshilfen: Diverse einschlägige Magazine, der Innenarchitekt, die Freunde in Zürich (wenn man nachkauft, was die haben, ist es egal, die kommen eh nie zu Besuch).

Sie machen alles nach ihrem inneren Muster. Sie quetschen sich und ihre Identitäten in das ‚Beneidenswert-Angekommen-Backförmchen'. Beide arbeiten wie die Ameisen. Das soll auch so bleiben. Auch er hat keine Lust auf alleinige Verantwortung – bei den gemeinsamen Ansprüchen? – Undenkbar. Vorzeitiges Fazit: DINKS! Double-Income-No-Kids-Konstellation.

Bei einer der diversen perfekten Abendesseneinladungen lässt sie dann so Sprüche von sich wie »wir schauen erst mal, ob das so klappt mit dem Zusammenleben und bis dahin behalte ich meine Wohnung besser noch«.

Alles furchtbar! Wer stellt seinen Partner bitte so bloß vor dem Freundeskreis?! Aber gut, so wird es vorgelebt, man kann es der Dame kaum verübeln, denn auch dieses Herablassen zum Mann gehört seit Langem zum guten Ton. Man verlässt diese Trauerveranstaltung frühzeitig, um nicht noch angefixt zu werden.

Dann mal beim Wandern erfährt man, dass sie ja bereits für jeweils zwei Kinder Buben– und Mädchennamen habe, und dass die auch mega ins Wohnkonzept passen würden. Nein, verraten könne sie die jetzt auf gar keinen Fall, nicht dass man noch auf die Idee käme, sie weiter zu tratschen, oder sie selbst zu nutzen.

Irgendwann, kurz drauf bricht das Kartenhaus der beiden ineinander. Ihre Basis – die Oberflächlichkeit hat nicht gehalten. Das handbezogene italienische Sofa macht genau so wenig glücklich, wie die Nobelanschrift auf der Visitenkarte.

Zugegeben, sie stellten sich selbst von Anfang an keine gute Prognose aus. Die alte, für die Beziehungszeit untervermietete, Wohnung von ihr schwebte permanent wie ein Damoklesschwert über der zerbrechlichen Anfangsphase. Als dann noch ihr Vater Forderungen stellte an ihn, von wegen er solle ihr doch endlich das Haus im Grünen ermöglichen, denn er sei nun ihr alleiniger Geldgeber – zieht sie die Reißleine – so ein Versager! Alles unfassbar und realistisch. (Wegen der Dramatik bitte in Französisch) – Grand catastrophe!

Ja und jetzt? Was tun wir jetzt, dass wir nicht genauso wie die begossenen Pudel dumm aus der Wäsche schauen. Der Rat: Reden hilft. Und zwar nicht mit Freunden, Eltern, Kollegen, sondern mit dem Partner. Klären Sie wichtige Themen, bevor sie unausweichlich werden. Hören Sie auf ihr Herz und folgen Sie Ihrem Gefühl, was richtig für Sie ist. Lassen Sie sich nicht blenden von sterilen und aalglatten Paaren und Wohnungen. Nichts und niemand ist perfekt.

In Wahrheit suchen wir alle nach dem Glück und sind wir noch ein bisschen ehrlicher, wollen wir Zufriedenheit. Wie das geht? Indem man das macht, was einen selbst ausfüllt, und indem man den Partner nicht ausschließt. Es gibt Leute, die wissen, wo sie stehen im Leben. Die wissen, was sie wollen, und die wissen, dass man auch mal nachgeben können muss. Feilen wir nur an Idealen und Vorgaben, kommen wir vermutlich nie ans Ziel.

Was wollen Sie vom Leben? Ist ihre Beziehung echt? Sind Sie denn überhaupt Sie selbst? Spielen Sie noch ‚Mann und Frau', oder lieben Sie schon?

Scheiß auf die Kindernamen-Sammlung! Scheiß aufs Tafelsilber! Unterscheiden Sie Backförmchen von Ihren persönlichen Vorstellungen. Lassen Sie sich kein Lebensmodell auftischen, das nicht mehr menschelt. Sie haben es sich mehr als verdient und Ihr Partner auch.

Freya Frauenknecht

MANN-BLEIBT-ZU-HAUS-GRAUS

»Du machst mich so glücklich. Alle beneiden mich um dich. Und jetzt bekommen wir auch noch ein Kind – das ist die Krönung und das Sichtbarwerden unserer Liebe. Und ich freue mich auch schon so auf die Zeit, die ich mit dem kleinen Würmchen verbringen kann …«, hört sie ihn am Telefon sagen, als sie die Praxis ihres Gynäkologen verlässt.

Gerade erst hat sie es erfahren. Sie ist noch ganz perplex. Muss erst mal verdauen was passiert, und dann in Ruhe entscheiden, ob sie sich drüber freuen kann, oder nicht … sie wackelt zum Auto. Stopp. Das ist kein wackeln, das war der Entengang! Oh no! Und was hat Levi da grad ins Handy gesülzt?! Kann nicht sein!

Sie geistesabwesend. Kommt an. Rennt beinahe die Oma um, und touchiert den Mini-Van beim Einparken. Auch schon egal. Sie trappelt in die Wohnung. Er sitzt auch der Couch. Strahlend. Sie freut sich jetzt zum ersten Mal. Gut, er steht zu ihr großartig. Sollten sie das vielleicht sogar gleich vertraglich festhalten? Was macht man denn in so einer Situation? Wo ist die kosmopolitische Frauenlektüre? Schnell, wo? Ok, sie googelt später mal, was man alles beachten muss.

Er hat Bücher auf dem Wohnzimmertisch platziert. Ihr wird schlecht. Ihm egal. Er findet es: »GREAT!« Er habe auch schon mit seinem Kanzleipartnern gesprochen, kein Thema, er könne ein Jahr Pause einlegen. Er übernimmt die Erziehung, sie sei doch jetzt gerade am Aufsteigen, und schließlich lohne es sich ja nur noch bei Beamtinnen, der Kinder wegen, auszusetzen. »WAS?!«, sie weiß erst seit zwei Stunden, dass nichts mehr so sein wird, wie es war und er hat schon alles entschieden und an sich gerissen?!

So geht das nicht! Sie ist die Frau. Und sie hat gefälligst das Vorkaufsrecht auf die Option Mutterschutz! Und sie wäre sicher nicht schlechter als er! Er argumentiert dann noch, dass ihre Mutter ja schon immer gewarnt hatte vor ihren Fähigkeiten als Hausfrau. Drei Hamster, eine Schildkröte und einen Hund habe sie auf dem Gewissen. Kochen könne sie nur, wenn alles schön im Tütchen ist, dessen Inhalt man nur noch ins heiße Wasser schütten muss (Applaus! Mal wieder voll in den Rücken gesprungen! Ihre Rohkost-Story machte immer mehr Eindruck). Kinder machen Fehler. Keine Frau wird als Mama geboren.

Nach einigem Hin und Her einigen sie sich, er ist Mama, sie Papa. Ein sehr aufgeschlossenes und progressives Paar. Beide befinden sich in ihrer ‚Zone' und gehen in ihren Aufgaben auf. Als das Baby da war, war sie heilfroh sich in ihre Arbeit stürzen zu können. Er hatte recht. Sie sind glücklich. Alles bestens.

Meine Nachbarin neulich zu mir: »Wissen Sie schon, dass der Burgstaller jetzt auch in Mutterschutz geht? Ja, genau, der Burgstaller vom dritten Stock links, der Sicherheitsmann. Ja, unglaublich, dass der sich das zutraut? Ja, gell, aber ich hab gehört er würde in der Zeit die Wohnung komplett renovieren, wissen Sie, seine Frau wünscht sich ja seit Jahren schon das Marmorbad und die vergoldete Küchenwand. Ja, recht hat er, wenn es die Politik schon so anbietet, wie saures Bier …, das muss er ja fast machen! Richtig! Und vielleicht ist sie ja dann wieder zufriedener mit ihm, oder?«

Was ist los, natürlich sind die Beispiele extrem, aber egal was wir bezüglich Elternzeit und Mutterschutz hören, alles finden wir total daneben. Mag sein, dass sich alte Rollenmuster bei einigen bewährt haben, trotzdem gibt es Paare, deren bessere Mama männlich ist.

Reine Typsache. Pure Neigung und Fertigkeit. Sicher gibt es die heimwerkenden Pseudo-Mammie-Männer, doch sie bilden die Ausnahme. Und der positive Effekt für die Familie liegt in allen Fällen auf der Hand. Meckert Sie nicht, ist er zufrieden, und alle sind glücklich.

UND, WO HABEN SIE SICH KENNENGELERNT?

Diese Frage stellt sich heute mehr denn je. Warum, fragen Sie? Ganz einfach. Achten Sie darauf, wenn Sie das nächste Mal durch die Innenstadt schlendern. Oder wenn Sie das nächste Mal mit den öffentlichen Verkehrsmitteln fahren. Sie kommen nicht drauf? Dann beobachten Sie doch einfach, wie wir uns verhalten.

Wie gehen Sie? Schnell, oder langsam? Wohin schauen Sie, wenn Sie gehen? Immer nach vorne? Fixieren Sie etwa einen Punkt weit vor Ihnen? Blicken Sie nach links und nach rechts? Würdigen Sie Leute mit Ihrer Aufmerksamkeit? Stolpern Sie gelegentlich über Hunde? Rempeln Sie mit anderen Fußgängern zusammen aus Unachtsamkeit?

Ok, ich habe aufgepasst, draußen, dort, wo wir uns begegnen – auf den Straßen, öffentlichen Plätzen, Freibädern und Badeseen! Wir sind umgeben von traumhaft schönen und fabelhaften Frauen. Stilsicher, gepflegt und zielstrebig sind sie unterwegs. Sie liegen strategisch platziert auf den besten Liegewiesen der Stadt. Sie stehen bewusst lässig in der Straßenbahn. Sie fahren souverän locker und unangestrengt gut aussehend mit dem Fahrrad zum Ziel.

Soweit stimmen Sie mir zu, oder? Zugegeben, da steckt auch eine Menge Arbeit drin, so lässig rüber zu kommen – Kompliment an dieser Stelle!

Trotzdem grübeln Sie sicher, was mir jetzt schon wieder nicht passt, oder? Ja, dass Sie auf nichts auf Ihrem Weg achten! Das ist eine wahre Katastrophe! Entweder starren wir ins Smartphone, ganz Businessfrau oder wir bemühen uns, keinen direkten Blickkontakt zulassen zu müssen. Gerne telefonieren wir, natürlich mit den weißen Stöpseln in den Ohren, lesen total konzentriert in Büchern und E-Books, blättern in Zeitungen und Magazinen, naja früher haben wir einfach geraucht oder Mentos gegessen.

Und dann fragen wir uns schließlich, warum wir denn auf freier Wildbahn nie jemanden kennenlernen, der uns gefällt. Wir jetten um den Globus, kennen uns überall aus, finden uns selbst in Novosibirsk tadellos zurecht – nicht zuletzt aufgrund unserer Kommunikationsgabe … hier ein special thanks an die Hersteller der Smartphones! – aber wenn es darum geht unser Umfeld wahrzunehmen, verhalten wir uns wie die

Hühner auf der Futtersuche. Wir kommen heim, und jammern die Ohren der Freundin oder Schwester voll, dass wir – wie immer – umgeben sind von lauter Opfern und Vollidioten.

Stimmt das denn eigentlich? Sind wir denn nicht vielmehr zu sehr mit uns selbst beschäftigt? Wenn Sie sich in folgenden Aussagen oder Gedanken – auch nur im Ansatz – wiederfinden, könnte es sein, dass sie etwas egozentrisch sind:

Wann kommt nur wieder ein Schaufenster, ich muss meine Frisur checken! Diesen Rock zieh ich nicht mehr an, der gefährdet meinen Look! Heute stehen wieder alle im Weg – die sehen doch, dass ich es eilig habe ... Oh-oh, die Pumps drücken! Nichts anmerken lassen! Lächeln – Punkt in der Ferne fixieren. Immer diese starrenden Typen – entsetzlich!

Sie sind betroffen, ich hab es geahnt! Und mein Fazit tut weh! Daher müssen Sie sich noch mal durch folgende Liste mit Aussagen kämpfen:

Sind Sie sehr aktiv in sozialen Netzwerken? Sind Sie in mehr als drei Social Networks aktiv? Waren Sie schon mal online auf Partnersuche? Glauben Sie daran, dass Sie Ihren Typen im Netz wie im Katalog durchleuchten können? Haben Sie schon mal jemanden gegoogelt vor Ihrem ersten Treffen?

Oh je! Oh nein! Ja und? Nur weil es die anderen auch tun, müssen Sie das doch nicht! Gut kann sein, dass sich die Zeiten ändern. Mag sein, dass es auch vorteilhaft sein kann, wenn wir einen langen Tag hinter uns haben, uns selbst entscheiden wollen, wann wir jemanden sehen wollen. Klar, wir wollen ja alles immer selbst bestimmen. Aber war da nicht noch das Schicksal? Oder die Liebe auf den ersten Blick?

Ich weiß, wir stylen uns nur, damit wir uns wohlfühlen. Ok, im Büro haben wir auch eine kleine Challenge mit den Kolleginnen am Laufen. Daher achten wir echt penibel auf unsere Außenwirkung.

Aber meine Damen verstehen Sie denn nicht, worauf ich hinaus möchte? Die Männer kennen sich überhaupt nicht mehr aus! Sie bemerken natürlich die weiblichen Geschöpfe und wundern sich, dass sie nicht wahrgenommen werden. Sie brauchen jetzt nicht zu vermuten, dass sich die Jungs nicht minder bemühen charismatisch und männlich auf uns zu wirken.

Sie haben ordentlich aufgeholt in Sachen Pflege, Look, und Stil. Doch was ist jetzt? Sie wenden einen ordentlichen Teil des Tages nur dafür auf uns zu gefallen, und wir schauen einfach über sie hinweg! Die Männer sind ratlos. Sie bemühen sich im Straßencafé um Blickkontakt, wollen mit einem netten und ungezwungenen Small Talk anbandeln und erfahren immer nur Zurückweisung. Schlimm deshalb, weil immer mehr Frauen von vornherein diese Möglichkeit der Kontaktaufnahme völlig ausschließen.

Nein, die Frau von heute denkt sie lernt im angesagten Partyparadies jemanden kennen! Genau! Oder in der netten Bar, die jetzt überall gehypt wird. Alles klar!

Frauen seid ihr bescheuert! Ich teile diese Meinung jedenfalls nicht! Aus diversen Gründen. Ich jedenfalls habe keine Lust mit professionellen Damen im Wettbewerb zu stehen. Dazu kommen die weit ‚unter 20' Mädels, die in den Klubs mit den Popöchen wackeln, um Aufmerksamkeit zu bekommen. Und abschließend, eigentlich der wichtigste Punkt: Männer, die ins Beuteschema passen, hängen nicht jede Nacht der Woche, Geld verschleudernd, in irgendwelchen Vergnügungsläden ab. Haben Sie sich das noch nicht durch den Kopf gehen lassen?

Na, dann wird es aber ganz schön Zeit! Geben Sie den wahren Männern doch einfach zunehmend mehr Gelegenheit ihr Balzverhalten zu zeigen. Alles andere ist auf Dauer für das männliche Geschlecht mehr als frustrierend! Lange bereiten sie sich darauf vor, wenn die Traumfrau vorbei kommt, zum Flirt auszuholen. Und warum machen sie es dann nicht?

Ganz einfach werte Damen, weil Sie keineswegs feenhaft um irgendwelche Ecken biegen. Weil Sie eher mit Kampfpuppen vergleichbar sind, wenn Sie durch die Innenstädte in die Konsumtempel oder zum nächsten Tussi-Treff marschieren! Sie denken wohl, dass Sie anmutig den walk zur Arbeit meistern, Fehlanzeige!

Mit starrem und todesmutigem Blick, mit den weißen Knöpfen in den Ohren machen Sie sich auf den Weg, wirken mies gelaunt und Angst einflößend. Das fettfreie Sahnehäubchen bekommt diese Version noch mit zwei unterschiedlichen Smartphones in den Händen, der Yogamatte im Gepäck und auf meterhohen High Heels.

Fragen Sie sich jetzt auch noch, warum Sie im Real-Life bei Tageslicht keine Männer bemerken? Wohl kaum, oder? Ich möchte Ihnen nichts vorschreiben oder raten. Aber ich bin sicher, dass es zufriedener macht, wenn man die Dinge, die sich um einen abspielen, mitbekommt. Es können nette und lustige Momente sein, die wir geschenkt bekommen auf unserem täglichen Weg. Es geht hierbei gar nicht mal ums Kennenlernen eines Weggefährten sondern vielmehr um die Schärfung unseres Blickwinkels und unserer Persönlichkeit.

Seien Sie eine Frau, die ihr Umfeld wahrnimmt. Seien Sie imstande Rücksicht zu nehmen auf spontane Situationen. Laufen Sie an Ihrem Date nicht schon wieder vorbei, weil Sie nur toll aussehen und gesehen werden wollen, anstatt auf andere zu achten!

Seien Sie Frau, hören Sie auf zu marschieren! Los, Sie werden sehen, das macht Freude! Und es ist tatsächlich so, dass wir trotzdem rechtzeitig ankommen. Lassen Sie Bereicherungen zu! Bewahren Sie sich vor einem monsterartigen Leben! Seien Sie ein Mensch, der es lernt, sich wieder auf sein Bauchgefühl, seine Menschenkenntnis und sein persönliches Empfinden zu verlassen!

Freya Frauenknecht

BEEINFLUSSBAR OHNE ENDE!

Sie sitzen im Wartezimmer Ihrer Ärztin. Vor Ihnen ein unübersehbares Plakat mit der ultra-beschissenen Aufschrift: ‚Die biologische Uhr tickt. Hören Sie sie?!' JA ICH HÖRE SIE! ABER DAS MACHT ALLES NUR SCHLIMMER!

Was sollen wir wollen? Was dürfen wir uns wünschen? Was sollen wir leisten? Die Frau studiert, toll. Jahrgangsbeste – Auszeichnung. Sie macht den Master. Schön. Jahrgangsbeste – wieder Auszeichnung. Sie macht das Elite-Programm bei einem deutschen Automobilhersteller. Der Anfang einer steilen Karriere. Super! Sie arbeitet Tag und Nacht. Ihr Freund ist immer wesentlich früher zu Hause als sie. Sie ist besser als alle anderen im Programm. Sie ist flexibler als die anderen. Sie lernt jetzt seit Neuestem Chinesisch, um sich abzuheben, von denen, die kommendes Jahr nachrücken werden. Sie macht alles richtig. Genau so sollen wir sein. Woher wir das so genau wissen?

Die Frauen übernehmen Verantwortung. Übernehmen Führung. Gehen ins Ausland. Arbeiten hart. Sprechen mindestens drei Sprachen – verhandlungssicher. Sie sind belastbar. Finden einen guten Ton. Haben Benehmen – zumindest im Beruf. Können tanzen. Können Small Talk. Leben in Partnerschaften. Wollen Familie und Beruf, im Zweifel ohne Mann. Und wer hat das erfunden? Die Medien.

Moment … Wo sind immer die Business-Outfits für jede Altersgruppe abgebildet? Wer veröffentlicht stets tolle Case-Studies über Führungskräfte? Woher haben wir den ganzen Karrierefrau-Blödsinn? Aufgesogen mit der Muttermilch? – Wohl kaum! Wer sagt, dass wir dreimal zwei Wochen im Jahr All-inclusive-Urlaub machen müssen? Wo steht, dass man nur in den eigenen vier Wänden und als Spießer glücklich werden kann? Und wer behauptet, dass man zum Sommer hin lieber mal Bikini-Diät machen sollte? Wo erfahren wir, wie wir uns einheitlich schminken? Wer gibt vor, welchen fahrbahren Untersatz wir in welcher Lebensphase fahren?

Was? Sie haben keine Intimrasur?! Wie? Sie essen Nudeln und keine Pasta? Oh no? Sie trinken noch Ba-Ki und keine Rhabarberschorle? Woher sind Sie denn? Schon als junges Mädchen diktieren einem die Teenie-Magazine, wie oft man sich die Beine zu rasieren hat, Nägel müssen so aussehen. Föhnen und färben der

Haare geht so, und hungern soll man nicht, aber maximal die Hälfte essen. Sex mit 14 gerade noch ok, fast schon zu spät. Dessous soll man sicherheitshalber aber schon früher haben, Pille auch.

Lolita? Nein, so nennt man das nicht, schließlich hätten die Mädels ja noch krumme Zähne und die Zahnspange, und auch so seien sie ja noch Kinder. Ah, empfohlen wird, dass der Freund ein Auto oder einen Roller hat, zwecks Mobility und so.

DRUCK! Immer DRUCK! Später lesen wir, wie unser Sexualleben aussehen soll. Was? Sie hatten erst sieben Männer? Und keinen aus Spanien oder Italien? Woher sind Sie denn? Und wie? Keine gleichgeschlechtliche Liebe mit dominierender Partnerin? Na, dann wenigstens Bondage? Oh, Sie haben aber einiges nachzuholen! Seien sie die brustlose Karriere-Amazone und die lustvolle Gottesanbeterin! Es ist total einfach, die Rollen wie die Kleidung zu wechseln! Mit Schizophrenie hat das nichts zu tun! Da wachsen Sie rein! Hauptsache sie waschen mit Hygienepulver bei niedrigen Temperaturen und benutzen den roten Wischmopp.

Und denken sie an die Umwelt! Doch duschen Sie zweimal täglich und seien Sie allzeit bereit dank 24h-Make-Up! Üben Sie zu Hause authentische, überzeugende und maskuline Gesten! Lernen Sie sich an der

Stange zu bewegen! Nehmen Sie Unterricht bei einer Professionellen! Im Job machen Sie es doch auch so, da nennt man es halt Weiterbildung.

Alles gemacht – check! Sie sind es! Und jetzt? Hören Sie die Uhr noch ticken? Suchen Sie sich einen Partner für die nächsten sieben Jahre! Hauptsache Kind! Hauptsache Hochzeit am Strand! Hauptsache in Weiß mit Reifrock und glänzendem ‚Ich-wär-so-gern-Seide-Kleid'! Hauptsache jemand schminkt sie! Hauptsache die Aktion kostet mindestens 30.000 EUR! Hauptsache die Freunde und Verwandten schenken Geld! Hauptsache der Trottel baut ihnen ein Haus – gerne mit Bausparer! Hauptsache Bilderbuchfamilie! Hauptsache dickes Auto! Hauptsache Kinderbetreuung! Hauptsache Großeltern ausnutzen! Hauptsache allen anderen die Arbeiten aufs Auge drücken! Hauptsache Freundinnen haben, die ihre Kinder betreuen und mit ins Freibad nehmen! Hauptsache Bio!

Oh yeah! Es macht Spaß sooo erfolgreich zu sein! Oh ja! Es geilt auf, die Liste abzuhaken! I LIKE! I LOVE CHECKLISTS! Das ist Ihr Status auf Ihrem facebook-Profil! Und keinen kümmert´s!

Oh ja – so ist es, keinen juckst auch nur im Ansatz! Täglich dokumentieren Sie für uns ihren Abklatsch vom hundertsten Klischee. Sie stellen ihre kleine Tochter im Bikini (!) ins Netz und fürchten sich vor Kinderschändern! Sie zeigen Ihre Familie am Strand, posten Ihre beiden SUVs, sie vermerken die ‚cities I've visited' im Netz, denn Sie sind ja so ein weltläufiges geiles Stück! Oh ja! Sie haben es geschafft! Sie gehören ausgezeichnet und gekürt!

Und das mit der Auszeichnung meine ich jetzt auch mal ehrlich. So viel Selbstaufgabe, Versklavung und Unterjochung gehört beachtet. Sagen Sie mal, denken Sie auch hin und wieder nach, über das, was Sie da tun? Was ist die Lieblingsfarbe der Tochter? Das Lieblingsspielzeug des Sohns? Wo war ihr Mann gestern Abend? Wann haben sie zuletzt wirklich gelacht?!

Sie müssen nicht alles gleich beantworten … Sicher könnten sie mir ihre persönliche Einnahmen/Ausgaben Rechnung runter rattern wie ein Profi. Auch wie viele PS die Autos haben, Verbrauch etc. Sie wissen, was Kinderfrau und Putzhilfe kosten. Der Gärtner bekommt 400 EUR. Die Raten fürs Haus, alles da. Beim Zinssatz müssen Sie überlegen, der wurde im letzten Quartal angepasst.

Merken Sie jetzt was? – Hallo! – Alles klar bei Ihnen?! Sind Sie sich bewusst, dass sie einer der besten und loyalsten Konsumenten geworden sind? Sie sind den Medien und Strategen der westlichen Welt richtig hinterhergelaufen. Gibt es was Neues, haben Sie es zuerst. Deshalb müssen Sie auch arbeiten rund um die

Uhr, weil alles sofort her muss. Sie glauben sicher, dass die Schöpfer dieser Welt das auch so machen, hm. Autsch, da haben Sie sich ausnahmsweise Mal so richtig verarschen lassen! Kein Mensch, der sein Leben auch nur halbwegs liebt, rennt dem Konsum so hinterher wie Sie.

Die Einkaufstempel scheinen die neuen Kirchen zu sein. Die neusten Trends die Glaubensbekenntnisse. Das tut weh in einer abendländischen Kultur die einst wahre Werte hatte!

Sie stürzen und brechen sich den Mittelfußknochen – Sie schreien, jedoch nicht vor Schmerz, sondern weil der neue sündhaft teure Schuh hinüber ist! – Ich bin sprachlos! Gehen Sie in sich!

Lassen Sie sich nicht vorschreiben, wie Sie zu sein haben und welche Werte sie brauchen. Verabschieden Sie sich von immer wechselnden Idealen.

Seien Sie beständig und greifbar, und machen Sie sich nicht zum Sklaven. Befreien Sie sich: Weg vom Opfer! Schützen Sie ihre Familie! Behalten Sie sich Privatsphäre und nehmen Sie sich Zeit füreinander!

Sicher, einfacher ist es alles so beizubehalten wie bisher, keine Frage. Ich möchte dann allerdings nichts mit ihren Psychokindern zu tun haben später, und ich möchte Sie dann auch echt nicht jammern hören im Hospiz, dass Sie doch ein paar Kleinigkeiten anders hätten machen sollen.

Mitgefühl gibt's nur, wenn es angebracht ist. Liebe nicht in der Lotterie, und Herzensbildung und Nestwärme gibt's nicht als Medikament.

Ich will eine warme, schöne Welt! Und kommen Sie mir jetzt nicht mit dem Weltfrieden. Sie wissen ja gerade mal, wie der buchstabiert wird.

Freya Frauenknecht

INDIVIDUALISTEN AUF DEM VORMARSCH?

Sie fühlen sich sicher auch einzigartig mit ihrer Freizeitgestaltung? Ich bin sicher, dass Sie Ihre Wochenenden auch alle brav an der frischen Luft verbringen, und montags am Arbeitsplatz davon schwärmen. Wie ich darauf komme? Ganz einfach, mittlerweile beklagen sich sogar schon entspannte Mode-Blogger über die schlagartige Entwicklung des eigenen Umfelds zu Spießbürgern. Angeblich sei es in der bayerischen Landeshauptstadt München ja am Schlimmsten. Sobald man hier einen Fuß auf den Boden bekommen will, gehört man ja schon zum Establishment.

Wobei, so ganz allein auf weiter Flur steht München diesbezüglich wohl kaum. Denn schon lange vermuten die Münchner, dass Berlin nur noch auf lässig macht, und Hamburg auf unterkühlt.

Meistens beginnt es so: Jörg und Aniko sind ein Paar. Kennengelernt haben sich die beiden auf der Erstsemesterparty vor sechs Jahren. Jörg, schon immer Idealist, studiert Bauingenieurwesen. Aniko macht Medizin. Nach langen Gesprächen in ihrer geliebten Mädelsrunde und eingehender Gehaltsrecherchen ist eins glasklar: Niemals wird Jörg auch nur ansatzweise so viel Kohle scheffeln wie Aniko. Der Beschluss ist gefasst: Jörg muss weg!

Das rät zumindest das Umfeld. Aber auch Aniko ist sich sicher, dass es schrecklich sein muss, mit einem Mann den Rest des Lebens zu verbringen, der einem versorgungstechnisch nicht das Wasser reichen kann. Das muss schauderhaft sein für einen Typen, denken alle. Lieber lässt man das gleich, bevor es zu Debatten über Minderwertigkeit kommt und man am Ende auch noch als ganz ‚Normaler' beim Psychotherapeuten landet ... Wobei das angeblich ja jetzt endgültig in Mode kommen soll ...

Gefahr erkannt – Aniko ist ab jetzt ‚un-be-mannt'. Sie ist erleichtert, dass sie sich endlich wieder auf sich konzentrieren kann. Sie sucht sich jetzt, auf dringendes Anraten der Freundinnen ein adäquates Umfeld. Die letzten Monate an der Uni werden für ausgedehnte Besuche in der Staatsbibliothek genutzt – top gestylt – »Make a pose und laufe wie ein Engel auf dem Catwalk durch die Gänge!« Noch wohnt Aniko in der Maxvorstadt (früher nannte man es einfach Schwabing), plant aber schon ihren Umzug in die schickere Innenstadt-

Lage. Nein, hier gehe es nicht um Status, das gehöre sich einfach so. Jörgs Wohnsituation bleibt selbstverständlich unverändert.

Mit der Erstanstellung und dem erwarteten Gehalt werden auch die Hobbys upgedatet: Statt Piknicken im Englischen Garten und Nächten in Bars und Klubs wird nun der solide Weg eingeschlagen. Die Suche nach den passenden Aktivitäten beginnt. Segelkurs: Dauert zu lang. Platzreife: Falsches Timing – es ist Herbst. Filzen: Zu hausfraulich. Motocross: Ökologisch nicht mehr zu rechtfertigen. … Also, was bleibt? Ja genau! Das DAV-Mitglieds-Programm!

Aniko ist damals wegen Jörg Mitglied des Deutschen Alpenvereins geworden. Da sie jetzt auch auf der Suche nach dem richtigen Work-Aholic ist, muss sie schnell handeln. Da lernt man kernige, leistungsstarke und ehrgeizige Kerle kennen. Aniko hat die ‚Huaberbuam' vor Augen und schmachtet! Sie wälzt das Programm und meldet sich an für den Mountainbike-Kurs am Perlacher-Muckl und, weil sie jetzt mehr Zeit hat, bucht sie auch noch gleich den Spaltenbergungskurs. Der ist sicher nützlich beim Skitourengehen!

Aniko stammt zwar nicht aus dem Alpenvorland, ist aber fest entschlossen, hier für immer zu bleiben. Nun möchte sie alles von Grund auf lernen. Sie will nichts dem Zufall überlassen und alles möglichst professionell machen. Bis es aber so richtig los geht, verabredet Aniko sich mit ihren Freundinnen zum Wandern. Und zwar gewohnt ‚klassisch münchnerisch'.

Meine Damen aus dem südlichen Raum, Sie haben sicher schon eine leise Ahnung, was nun kommt. Genau! Die Mädels machen die Tour zur entzückenden kleinen Aueralm! Super! Man trifft sich – wie jedes Wochenende gefühlt ganz München! – am P&R-Parkplatz und fährt von dort aus gemeinsam dem Ziel entgegen. Der Aufstieg ist zu schaffen. Berge, Seen: »Super hier«. Nach zünftiger Brotzeit und gelungenem Abstieg kehrt die Runde ins Tegernseer Bräustüberl ein. Alternativ besuchen die Mädels ein Waldfest, das eignet sich besonders, wenn sie samstags noch shoppen gehen wollen, vorher. Hier ist das Trachten-Kostüm (aka Dirndl) notwendig. Wohingegen man sich im Bräustüberl ruhig auch im bunten Wander-Suit zeigen kann.

Prima, und jetzt? Alle machen das Gleiche. Sie waren noch nicht auf der Aueralm? Dann aber sicher auf der Käseralm oder zumindest in Kitzbühel bei der Rosi! Ach, und wenn's nur Après-Ski war – schlimm genug! Als gäbe es Preise zu gewinnen von den Kollegen am Montag, reißen wir ein einzigartiges Wochenendprogramm runter! Auf einmal behauptet die übergewichtige Tamara aus der Buchhaltung, sie hätte einmal die Alpenüberquerung mit ihrem Bike in ihrer Woche Urlaub überaus genossen. – Wie bitte? Der geht doch schon nach den ersten beiden Treppenabsätzen die Luft aus ... »Gibt es denn schon Vollautomatik-E-Bikes?!«, frage ich verwirrt.

Die besser verdienenden Freizeitpilze, oder auch die, die dies vorgeben, sind pippi-leicht zu erkennen. Sie sind die Knallfrösche und Leuchtbomben unter den Normalos. Quietschbunt gekleidet, in Funktionsjacken, die locker dem Wert ihres neuen St.-Emile-Cashmere-Mantels entsprechen, setzten sie ihre Wanderstöcke mega-ehrgeizig schon bergauf ein. Egal, dass sogar der Reinhard Messner dazu rät, die Stöcke erst bergab einzusetzen. Und ein Extrembergsteiger weiß, wovon er spricht! Aber wie Sie vielleicht schon festgestellt haben, eignen sich die Leki-Stöcke nicht nur, um sicher runter zu kommen, sondern sind permanent dienlich, um sich die Wanderspur zu sichern, und der ‚lahmen Sennerin' unterwegs den Weg zu versperren.

Heute wundert man sich ja nicht mal mehr, über die hohe Anzahl von Unfällen und Verunglückten im Gebirge. Hat man doch zunehmend das Gefühl sich beim Wandern auf einer Modenschau zu befinden.

Richtig gefährlich wird's für einen, wenn Leute in gedeckten Farben auf einen zu rauschen – Achtung – in Deckung! Hier handelt es sich um ganz wagemutige Mountainbiker! Sie müssen in der Regel ihre 80-Stunden-Wochen mit Mörder-Radl-Contests kompensieren.

Die Fahrer arbeiten meist in Werbeagenturen oder als Wirtschaftsprüfer und brauchen einfach einen Ausgleich, der ‚ankommt'.

Also gut, wir bemühen uns um Verständnis. Gestaltet eure Wochenenden wie ihr wollt. Was mich nur immer trifft, sind die kleinen Jungs, die mit ihrem Papa ‚Daddy-Time' haben. Zuhauf beobachte ich seit geraumer Zeit rotköpfige Buben, die sich die Berge hochstrampeln für ihren Vater, aus lauter Angst, dass dies der letzte Ausflug war, bei dem sie mitmachen dürfen. Da kommt gleichzeitig die Frage auf, in welchem Alter Kinder denn eigentlich freiwillig joggen?

Stellen Sie sich doch nur mal vor, Aniko fände bei der achten Skitour ihren persönlichen Huaberbua: Sie verlieben sich, verloben sich und heiraten. Sie bekommen Kinder und leben sich trotzdem auseinander. Aniko will nun doch lieber wieder nach Kiel. Ihr Huaber-Herzal nicht. Sie trennen sich, und ab jetzt werden die Kinder an den Wochenenden aufgeteilt. Klappt ja jetzt viel besser als früher. Die ehemalige Familie managt alles – getreu Globaliaztion2.0 – mit dem Google-Kalender.

So bleibt sogar noch Luft zum Patch-Worken. Und was passiert nun? Aniko zieht ihre Nachkommen, egal ob männlich oder weiblich, mit in sämtliche Kaffeehäuser, die ihre Wuzerl prompt in Turnhallen verwandeln. Sie begleiten die Mama mit zum Shoppen und testen erste Farbpackungen beim Friseur. Manche Männer sprechen hier bereits von einer Feminisierung der männlichen Nachkommenschaft. Die Tochter betrachtet Aniko von Geburt an als beste Freundin. Klar ist aber auch, dass Aniko trotzdem die Schönste und Tollste bleibt und sich nach wie vor auch noch mit Mitte 40 Blumen ins Haar bindet wie ihre Teenie-Tochter.

Ich bin kein Experte, doch bedenklich ist es allemal! Einschlägige Kaffeehausrecherchen und Freiland-Beobachtungen zeigen, dass betroffene Kinder an ihren Wochenenden ein herbes Kontrastprogramm erleben. Die als Prinzessinnen verkleideten Mädels trauen ihren Augen kaum, wenn Papa mit ihnen eine Bergtour machen will, und die Piraten-Jungs wollen auch lieber nur spielen, als für den Marathon in Sydney mitzutrainieren.

Daher der Appell: In Gottes Namen lassen Sie sich Ihr Leben diktieren, wenn Sie unbedingt meinen, aber lassen Sie Ihre Kids raus. Es ist fraglich, ob Sie sich das wirklich alles antun müssen, nur um bei Ihren ach so tollen Kollegen, einen auf ‚Well-Being-Kanone-3000' zu machen oder, ob Sie einfach mehr Mut zum ‚Ich' entwickeln sollten.

Sicher, Sport ist wichtig, darum gehen Sie an Ihre Grenzen, aber wirklich nur so lange Sie niemanden sonst gefährden. Nehmen Sie Rücksicht und setzten Sie auf keinen Fall die Kleinen mit wahnwitzigen Zielen unter Druck. Sie wissen genau, dass Kinder fast alles auf sich nehmen würden, nur um Mama und Papa zu gefallen.

Seien Sie wirklich individuell und testen Sie neue Pfade. Weniger angepasst, weniger auf Außenwirkung bedacht das wär's! Hören Sie wieder in sich hinein, und vertrauen Sie auf sich, und nicht auf die Forderungen einer ganzen Freizeitmaschinerie.

MÄDELS SEID IHR SCHON?

Sie kennen es genau so gut wie ich. Die Zeit rennt an einen vorbei. Die Jahreszeiten kommen und gehen, und man verändert sich. Auf einmal hat man seinen persönlichen Stil gefunden, man weiß, welche Schnitte einem stehen und welcher Friseur einem die besten Frisuren aufsetzt. Gut, manche von uns kommen leider nie selbst an diesen Punkt, aber zumindest kommen diese dann soweit voran, dass sie sich helfen lassen. Wir sind unabhängig und frei, können entscheiden, wie wir leben wollen und mit wem. Wir dürfen unsere Karten selbst spielen, und tun dies auch eifrig.

Die ereignisreiche Zeit des Teenie-Alters bleibt uns in Erinnerung, und noch heute bleibt uns bei so manchem Rückblick das Herz stehen, vor Aufregung. Schön wars! Und irgendwie scheint es trotzdem, als hätte sich so viel gar nicht geändert. Noch immer vereinbaren wir uns zum Mädelsabend, noch immer reden wir von uns selbst als ‚Mädchen', noch immer tun wir vor uns selbst so, als wäre unser Tun und Handeln nicht wirklich von großer und ernsthafter Bedeutung.

Zumindest dann, wenn zum Beispiel Hanni sich mit dem süßen Kollegen aus dem Szeneladen gegenüber zum Aperol-Sour trifft, und dann – wups – mit ihm im Bett landet – und zwar obwohl sie seit Längerem mit Ralph liiert ist. Dann spricht Hanni davon, dass Mädels sich einfach noch nicht zu früh festlegen sollten und dass man ja auch noch seine Freiheiten brauche und überhaupt auch nicht Ralphs Frau sei. Erst fällt es gar nicht auf, was da genau nicht stimmt. Doch dann mit der Zeit wird eines klar: Selbstbild und Fremdbild klaffen hier ordentlich auseinander!

Man sträubt sich vehement gegen die Bezeichnung als ‚Frau'. Aber warum denn eigentlich? Vierzig-aufwärts-jährige erwähnen immer wieder, und zwar nicht nur in Blogs, dass sie sich definitiv als Mädchen sehen und auch als solche angesprochen werden wollen. Ansprache also bitte mit DU. Sie seien erstaunt, dass neue Praktikanten in der Agentur, oder auch neue Auszubildende sie siezten, das sei doch wirklich entwürdigend. Und überhaupt hätte ‚Frau' so einen widerlich abgebrühten und unterkühlten Klang. Und sie verbänden auch nur altbackene Assoziationen mit dem Begriff.

Mädelsdämmerung

Ja gut mag alles sein, aber woran liegt es, dass heutige Frauen partout nicht als Frau betitelt werden wollen? Erinnern wir uns gemeinsam zurück, war der Begriff doch positiv. Negativ oder schon beinahe als schickeres Schimpfwort empfanden Betroffene eher die Fräulein-Variante. Lange wurden ledige Mütter noch als Fräulein herabgewürdigt. Ich persönlich erinnere mich an die Durchsagen in der örtlichen Schule. Hier ließ der Rektor gerne seine angegraute und gehschwache Kollegin Fräulein Weißenberger, über Lautsprecher ins Direktorat zitieren. Ich möchte nicht wissen, wie sie sich dabei wohl gefühlt haben muss. Erinnern Sie sich auch noch an die Erzieherinnen in Kindergärten damals? Diese wurden häufig auch als Fräulein bezeichnet, Kindergartenfräulein Herta oder Fräulein Hedi. Ach, da hat sich wirklich einiges getan. Und gut war es. Angeblich brüsteten sich nur wenige mit ihrem Fräulein, wie zum Beispiel Frauen, die promoviert hatten. Sie waren angeblich besonders stolz, sich ihr Frl. Dr. selbst verdient zu haben, und sich nicht das Fr. Dr. angeheiratet zu haben, als das noch ging.

Und heute? Heute sind wir umgeben von lauter Mädels und Mädchen und Gattinnen, die sich jenseits der Zwanzig noch nicht als Frau sehen wollen.

Mädels bekommen Kinder, Mädels wollen Karriere machen, Mädels werden Omas, Mädels kommen ins Altersheim, Mädels bekommen die Pflegestufe Mädels sterben. Ihnen dürfte klar sein, dass das Schwachsinn ist, und dass wir nicht einfach auf irgendeiner Stufe die uns gerade am besten gefällt stehen bleiben können. Wir entwickeln uns weiter und haben Ziele vor Augen.

Mädels sind jung, haben noch runde Gesichter und an ihnen sieht selbst ein Kartoffelsack super aus. Dafür haben sie noch keine Ahnung von Beziehungen, haben Pickel und sind von ihren Eltern unglaublich abhängig. Mädels wünschen sich ein spannendes Leben, Freiheit, die neuste Bravo-Ausgabe. Mädels wünschen sich ein Treffen mit ihrem Lieblingsstar und eine Tonne Make-up for free. Mädels kauen Erdbeerkaugummi und schminken sich wie Kanarienvögel. Mädels lackieren sich jeden Finger in einer andern Farbe und schneiden sich ihre Haare im Klassenzimmer. Mädels, das sind Kinder, Teenager und Twens in der Ausbildung bzw. angehende Erwachsene.

Warum sträuben sich junge Frauen und Frauen allgemein denn heute so fatal gegen das Frausein? Frauen sind selbstbestimmt, clever, emotional, auf Augenhöhe, stilsicher, bewundernswert. Frauen machen Karriere, Frauen haben ihr Leben im Griff, Frauen haben Beziehungen und auf Frauen ist Verlass.

Liegt es etwa daran, dass sich heute jeder vor Verantwortung drücken möchte? Wird deshalb immer das Mädel rausgezogen? Sie verkaufen sich als Spaßnudeln, und lockere Zeitgenossen, wollen nicht älter werden und fühlen sich noch so jung. Alles recht und gut, aber es steht nirgendwo, dass Frausein langweilig und antiquiert ist, im Gegenteil. Frausein heißt, die nächste Stufe zu machen. Das hat nichts zu tun mit Ehe oder Nachwuchs, sondern viel mehr mit Eigenverantwortung, Stellungnahme, Position und Lebenskonzept. Es widerspricht natürlich allem, was man unter dem Deckmantel Mädel ganz gut verbergen kann, wie mangelnde Verantwortung für das eigene Handeln, eine ständige Unverbindlichkeit, eine permanente Rücksichtslosigkeit, die vorherrschende Selbstbezogenheit, falsche Eitelkeit und unreflektiertes Handeln.

Erwachsen werden bedeutet Frau werden, so könnte man es auch nennen. Und genau vor dieser Verantwortung für das eigene Leben, für die Entscheidungen, die Worte und das Handeln wollen heute viele entkommen.

Aus dieser Angst vorm ernsten Leben fliehen viele in die Rolle des immerwährenden Mädels. Es folgt die Ernüchterung. Alles geht vorbei. Genau so, wie der Schmelz der Jugend nicht zu pachten ist, gibt es auch keine Dauer-Mädels, der größte Dauerlutscher ist halt irgendwann mal aufgegessen. Was auch nicht weiter schlimm ist. Denn jede Phase ist spannend und bereichernd. Nur einlassen muss man sich selbst darauf. Es kann nicht sein, dass wir umgeben sind von Frauen, die zwar alles fordern, jedoch nicht im Geringsten auch nur ein bisschen leisten wollen. Keiner bekommt Anerkennung, Beförderungen, tolle Partner oder eine laufende Familie einfach hinter her geschmissen. All dies erfordert gewisse Fähigkeiten und eine gewisse Reife, die Mädels einfach noch nicht haben können.

Haben sie um Himmels willen keine Angst vor dem Frausein. Es ist prima, sich auf sich selbst verlassen zu können und es ist extrem stark, wenn andere das auch können. Es macht Spaß Frauen zu sehen, die eine Meinung haben und Prinzipien. Und genau so schön ist es, wenn Frauen Verantwortung übernehmen lernen, denn nur, wer sich selbst ernst nehmen kann, wird ernst genommen. Ein Mädel kommt nicht in den Vorstand, die Frau schon. Frausein ist keine Schwäche, Mädel bleiben hingegen schon! Sie wollen doch nicht das naive und auf Hilfe angewiesene Hascherl bleiben?

Zeigen Sie Courage und krempeln Sie ihr Leben um. Übernehmen Sie das Ruder wieder und meinetwegen, treffen Sie sich noch zum Mädelsabend. Aber lassen Sie sich siezen im Arbeitsumfeld, denken Sie einfach an Sofia Loreen, dann wird's einfacher und vergessen Sie nicht, es zu genießen.

WARUM SEID IHR GETRIEBEN?

Wenn wir auf die Welt kommen, dann sind wir schon. Das heißt, wir müssen nicht auf Gedeih und Verderb etwas werden. Auch wenn alle Buben Feuerwehrmann, und alle Mädchen Prinzessin werden wollen. Wir sind schon wer. Trotzdem bemühen wir uns in der Schule bereits um gute Noten, erst recht dann in der Ausbildung und im Studium. Einige brauchen nur das Buch aufzuklappen, und schon ist alles gespeichert, andere müssen nur dem Unterricht aufmerksam folgen und manche müssen alles mühsam in sich hineinpressen.

Wir schließen die Schule ab und somit unsere erste berufliche Etappe. Und dann beginnt es. Da sind die, die alles eher als Spiel betrachten, und trotzdem immer Glück haben. Und dann die, die sich leistungsmäßig selbst immer als Mittelfeld bezeichnen. Dann gibt es die Normal-ehrgeizigen und ganz krass sind die mit dem totalen Ehrgeiz-Trip. Sie leben in harten Zeiten ausschließlich von Dosenravioli und Fertigpizzen. Sie sehen aus wie der leibhaftige Tod. Sind leichenblass, und können nicht mal mehr mit engen Freunden oder Familie telefonieren, weil sie das zu sehr aus dem Lernplan werfen würde. Nun könnte man denken, es würde sich nur um kurze Phasen von wenigen Wochen im Halbjahr handeln, doch weit gefehlt. Diese Spezies überlässt nichts dem Zufall und hat bereits in der Unterstufe ein ausgeklügeltes Lernsystem entwickelt – manche verraten es gegen eine geringe Gebühr.

Besonders auffallend ist, dass es sich bei den Extrem-Getriebenen sehr häufig um junge Frauen handelt. Sie haben noch mächtig was vor mit ihrem Leben. Zu allererst muss aber die Abiturnote passen, dann geht's an die Wahl des Studiengangs. Da es sich um harte und vollends disziplinierte Lernmaschinen handelt, darf es gern ein bisschen mehr sein. Mindestens Medizin in der Regelzeit. Nun geht es an das Anzapfen diverser Stipendien. Sie denken jetzt: Oh wie süß, die wollen ihre Eltern entlasten oder sich das Arbeiten nebenher ersparen! – weit gefehlt! Der Lebenslauf macht's! Gerne auch etwas Wohltätigkeit, aber nur gegen einen entsprechenden eindrucksvollen Beleg! Wie im Rechnungswesen – keine Buchung ohne Beleg! Als Buchungen versteht die Extrem-Getriebene: Kinder bespielen, Nachhilfe für Sozialschwache, Essen sammeln etc. ... Aber wie gesagt, nicht einfach nur so. Alles muss verwertbar sein für das CV der Giganten! Teamfähigkeit – Yes! Leistungsträger – Yeah! Kinderheim in Indonesien – Chakka! Einser-Examen – selbstverständlich! Bestechung und Kollegen anschwärzen – da gibt's keinen Beleg zum Glück!

Partner sind schnell gefunden. Man einigt sich auf eine Schmalspurbeziehung und vereinbart maximal monatliche Treffen, sonst ein Telefonat pro Woche. Man braucht die Zeit für Wichtigeres! Schließlich ist das Leben schon vorgeplant – ohne Zielsetzung keine Zielerreichung … das hat Jacqueline bereits in den Seminaren der Stiftung, die ihr Stipendium auflegt, erfahren. Klar, dass sie es sofort umgesetzt hat! Lückenlos! Sie hat's nämlich drauf! Selbst ist Jacqueline keine Freundin halber Sachen, deshalb duldet sie auch kein lockeres ‚Jacky'. Klar. Ihr Ferdinand ist blaublütig, ganz wichtig, gehört auch zum Plan! Gene, Ahnen, Kontakte, alles ausschlaggebend, nicht nur für geplante Kinder, sondern auch für sie. Jacqueline hat heute bereits ihre Kinderfrau in Russland gebucht. Disziplin, Disziplin und Disziplin. Das ist es, was vermittelt werden soll. Härte, Willensstärke, Bescheidenheit und drei Musikinstrumente beherrschen – ihre Erwartungen klingen aus ihrem Mund wie eine Drohung für ungeborene Kinder. Glückwunsch zu so viel Mitgefühl und Liebe.

Nichts gegen Wissenschaft und Forschung. Wir brauchen Erfinder und Forscher, Denker und Ratgeber. Aber müssen es immer Hardliner sein? War das immer schon so? Muss das so sein? Dass man so viel Eigennutz mittlerweile auch schon unter dem Deckmantel der sozialen Verantwortung tarnen kann, ist unfassbar. Mädels, klar, es ist Euer Leben, doch so ist es kein lebenswertes mehr. Seid ihr denn noch Menschen? Ihr gleicht doch eher Maschinen einer neuen dämlichen hirnlosen Generation! Fragen Sie doch mal Mädels Mitte 20, nach ihren bisherigen Erfolgen im Leben – was Sie dann hören?! Ganz einfach: »Sehr guter Schulabschluss ... ja – ja ... das war bisher mein einziger Erfolg«. – »Keine sonstigen Erfolge, meinetwegen Sport, oder Freundeskreis?« ... »Nein – nein, eigentlich nicht, ich hab einfach meine ganze Zeit für die bisherige Ausbildung verwendet. Das ist total wichtig gewesen. Ah, und die Leistung wurde doch belohnt, jetzt bin ich ja bei Ihnen im Jobinterview ...«

Ganz klar, solche Leistungsträger braucht das Land! Keiner erwartet die Mount-Everest-Besteigung oder den Bau des Eiffelturms, wenn er junge Frauen nach Erfolgen fragt. Nein, man würde sich über nette Geschichten freuen, wie z. B. hab die Schuhe meiner Freundin wieder aus dem See getaucht. Oder hab meinen Kumpel vor der größten Blamage seines Lebens gerettet ... Blabla ... Aber so etwas Normales erleben die Getriebenen gar nicht mehr. Sie beraten sich nach intern, welche Hobbys gerade angesagt sind im

Vorstandsgremium und pimpen ihr Leben dementsprechend auf.

Grausig – eklig – unecht! Mädels, das kann nicht Euer Ernst sein! Wo soll denn das hinführen, wenn wir alle nur noch umgeben sind von Plagiatoren?! Einer macht's vor, alle machen's nach! Charity-Golf, Puppen-Doktor, Bedürftigen-Tafel – Stopp – aber nur gegen Beleg! Naja, macht nur weiter, wenn es euch nicht zu fad ist auf Dauer, so hebt sich keiner ab, von der klebrigen modrigen Masse.

Selbstvertrauen, Mut und sicher ein Quäntchen Disziplin sind nötig für Erfindungen, Durchbrüche und Erfolgsstorys, doch mir scheint, dass die getriebenen Mädels von heute mit diesen Gaben nicht mehr in der erforderlichen Verhältnismäßigkeit ausgestattet sind. Darum macht doch wieder jemandem – mal nur so – eine Freude. Haltet eure Freunde nicht so kurz, fangt an zu leben. Ernährt euch wieder normal. Erwachet!

Freya Frauenknecht

DER LAHMENDE HENGST

Die Zeiten haben sich geändert. Es gibt unzählige Frauen wie Dorothe, die ihren Georg durchfüttert. Sie sind überall, die Frauen mit ihren überzogenen Ansprüchen, die ihrem neuen Lover das Geld unterm Tisch reichen, um das Menu beim Nobelitaliener zahlen zu können. Alles ist darauf ausgerichtet, eine Show abzuziehen. Frauen geben vor, kein Problem damit zu haben, dass ihr Freund arbeitslos ist. Alles ist oberflächlich in Ordnung, wenn er sich mit Gelegenheitsjobs über Wasser hält. Sicher, es gab schon immer Männer, die mit der Arbeit auf Kriegsfuß standen, doch half das früher nicht viel. Die Männer mussten die Familien finanziell versorgen. Nestwärme, köstliches Essen und Selbstgenähtes gab es von den Frauen.

Nun könnte man meinen, es wäre egal ‚wer heute welche Rolle erfüllt, oder? Das wird zumindest überall behauptet. Ja sicher, grundsätzlich muss jedes Paar den richtigen Weg für sich selbst finden. Momentan häufen sich allerdings die Beschwerden der Damen. Gejammert wird darüber, dass der Partner keinen Job länger als neun Wochen durchhält. Vermutet wird, dass sich Männer in der Rolle des Heimchens am Herd sehr gut gefallen. Zugegeben wird, dass man sich als Frau doch gerne unterstützt fände vom Mann. Es fallen Begriffe wie ‚starke Schulter', ‚Fels in der Brandung'. Viele Frauen sind es leid, das Familieneinkommen allein heranschaffen zu müssen. Sie fühlen sich unter Druck und sehen sich in die Enge getrieben, denn wenn sie dies alles öffentlich zugeben würden, stünden sie ganz schön allein da.

Carola zum Beispiel war alles zu viel. Sie ist Geschäftsführerin eines gut laufenden Familienunternehmens auf Expansionskurs. Sie hat viel zu kämpfen. Sie verhandelt die Konditionen mit den Zulieferern, kundschaftet neue Standorte aus und hat die Zahlen stets im Blick. Natürlich musste sie sich nebenbei das Branchen-Know-how aneignen, das in keinem Schulbuch steht. Carola ist zudem schwer krank, leidet an Haarausfall, ist extrem mager und keine Schönheit. Man könnte denken, welch armes Mäuschen.

Seit dem Ende ihrer Ausbildung ist das einzige Kind der Firmen-Dynastie nur noch im Betrieb, auf Coachings und im lokalen Business-Klub. Und plötzlich funkt's! Sie verliebt sich in den Abteilungsleiter Sven. Sven ist ihr Angestellter. Er ist seit 30 Jahren in der

Firma, kennt sich aus im Geschäft. Er ist 47, war noch nie verheiratet und steht auf Carola. Kollegen munkeln, er macht sich nur wegen ihres Backgrounds an sie heran. Egal, die beiden stehen bald darauf zu ihrem persönlichen Liebesglück. Sie ziehen zusammen, alles ist spitze. Er unterstützt sie, wo er nur kann. Sie fühlt sich gut. Zum ersten Mal ist da jemand, der es ernst mit ihr meint.

Gute zwei Jahre sind sie nun ein Paar. Alle um sie herum gründen Familien. Die Adelshochzeiten machen sie schon ganz nervös. Ihre Eltern drängen auf einen weiteren Firmenerben. Sie probieren es einfach – vielleicht klappt's ja gleich mit einer Schwangerschaft. Monate streichen ins Land – nichts passiert. Zunächst schiebt Carola es auf ihren beruflichen Stress. Das viele Reisen, die langen Autofahrten, die harten Meetings, das müsse schließlich jedes Kind abschrecken. Trotzdem vereinbart sie einen Termin bei ihrem Gynäkologen. Dieser versichert ihr, dass soweit man dies heute feststellen könne, alles in bester Ordnung sei bei ihr. Sie bemüht sich fortan um mehr Entspannung, blendet das Thema Kind innerlich aus, und hängt sich in ihre Beziehung zu Sven. So raten es doch die Magazine, sicher klappt dann alles ganz unerwartet. Ist doch dann immer so.

Zwischenzeitlich bauen Carola und Sven ein gemeinsames Haus im Grünen. Die vorher als Kinderzimmer bezeichneten Zimmer nennt Carola fortan Schirmzimmer, Schuhsalon und Taschenaufbewahrung. Doch kurz nach dem Einzug ins traute Heim, schickt sie ihren Sven doch mal zum Arzt. Ein Jahr Kinderwunsch ohne Bauch, das muss geprüft werden. Ein Spermiogramm wird erstellt – das Ergebnis ist niederschmetternd. Er kann es nicht fassen, lässt zusätzlich noch einen Bluttest machen. Auch dieser bestätigt die mangelnde Zeugungsfähigkeit. Natürlich ist diese nicht in Stein gemeißelt, meint der Mediziner. Er solle doch auf das Rauchen verzichten, Stress vermeiden, mehr Sport treiben, das Feierabendbier weglassen und langsam sein Idealgewicht wieder erreichen. Tolle Tipps denkt sie – so lange kann sie nicht mehr warten! Das Haus steht, sie will auf keinen Fall das Risiko einer Spätgebärenden eingehen mit ihrer Krankheit! Sie fahren nach Hause. Sven ist am Boden. Er fühlt sich elend. Schweigend gehen sie ins Bett. Am nächsten Tag findet Sven sein Hab und Gut vor der Haustür.

Sie ist bereits außer Haus und ruft ihn an: »Sven, so geht's nicht weiter. Tut mir leid irgendwie, aber ich brauch einen Mann, der seinen Part erfüllen kann. Du bekommst selbstverständlich eine Abfindung, war ja eheähnlich. Papa hat sie dir bereits überwiesen. Such dir bitte auch eine neue Stelle. Ciao«.

So schnell kann sich der Spieß umdrehen. Anfangs gingen die Leute im Business-Klub davon aus, dass

Sven Carola nur aufgrund ihres prallen Geldbeutels gut fand, und jeder dachte, dass das hässliche Entlein nur ausgenutzt werden würde. Und jetzt gewinnt man den Eindruck, dass Carola Sven nur benutzen wollte, um einen Thronfolger zu basteln.

Was sich heutzutage in den Beziehungen um uns herum abspielt, ist so ekelhaft, dass es an die Grenzen unserer Vorstellungskraft stößt. Sven nimmt als Mann die Rolle einer geächteten Prinzessin ein, die im Märchen aus dem Königreich gejagt werden würde.

Carola handelt wenig weiblich. Berechnend, unterkühlt, erbarmungslos ja schonungslos. Keine schmeichelnden Attribute für eine junge Frau. Doch als Frau sehen sich heute nur noch die wenigsten. Sie sind Kämpferinnen, Managerinnen und Arbeiterinnen in einem erbarmungslosen Kampf gegen die Männer. Für Frauen gelten keine Regeln mehr, nein – sie machen heute die Regeln! Ob es sich nur um die Einhaltung der SVO auf der Straße oder auf dem Radweg handelt, oder um den zwischenmenschlichen Umgang – egal!

Die Frauen stürzen sich todesmutig in ihren Geschlechterkampf! So krass war es noch nie, dass es in Büros Männerlager und Frauennetzwerke gab. Männer tragen die Babys ihrer Mütter, machen sich zum Hampelmann der Freundin und wundern sich dann, dass sie verlassen werden. Seid Ihr denn noch bei Trost, Mädels? Lasst es nicht so weit kommen, dass wir alles, was Mann ist, sofort im Keim ersticken!

Die Emanzipation war wichtig für uns alle, kein Thema, doch was heute daraus geworden ist, ist gotterbärmlich! Manchmal bekommt man selbst als Frau einen Riesenhals auf die unter uns, die sich nur noch um sich selbst drehen, einen rücksichtslos und egozentrisch vom Biergartentisch verdrängen mit ihrer Selbstgefälligkeit. Die sich das Recht herausnehmen, jeden Fußgänger umzufahren. Frauen, geht in euch!

Männer können den Part der Frauen nicht erfüllen, und umgekehrt. Die Evolution hat es nun mal so gewollt. Und sowohl Frauen als auch Männer wurden mit Fähigkeiten ausgestattet, die so sinnlos nicht waren! Ich hätte damals sicher keine Lust gehabt zu jagen – und genauso habe ich heute keine Lust, allein für das Fortkommen meiner Familie verantwortlich zu sein! Kann sein, dass manche jetzt extrem-oldschool finden, ich jedoch stehe dazu!

Warum machen wir das Leben schwieriger als es ist? Es ist doch alles um uns herum schon schlimm genug! Eine Krise jagt die nächste, ein schrecklicher Modetrend löst den nächsten ab, und ein Tier stirbt nach dem anderen aus.

Leute: Haltet doch einfach mehr zusammen, als ständig auf Erzrivalen zu machen! In Wahrheit schätzen wir die Männer, lassen Sie sich das von niemandem verbieten! Und lassen Sie sich keinesfalls dazu drängen, Ihren Partner permanent sinnlos zu provozieren. Seien Sie froh, dass der Mensch in Paarbeziehungen lebt – egal ob homo oder hetero! – denn zu zweit im Schulterschluss ist vieles einfacher zu meistern. Sie bräuchten dafür lediglich etwas mehr von ihren weiblichen Eigenschaften. Aktivieren Sie doch einfach wieder Geduld, Mitgefühl, Empathie, Zufriedenheit und Versöhnlichkeit. Denn alles andere macht hässlich – und denken Sie daran: Ab 30 sind Sie für Ihren Gesichtsausdruck höchst selbstverantwortlich!

Freya Frauenknecht

DAS KONSUMKIND

Erst vergangenen Sommer war es soweit. Ich war live dabei. Und es war herzzerreißend. Ich wurde unfreiwillig Zeugin einer erbarmungslosen Szene. Ahnungslos setzte ich mich auf den Balkon, um mit meiner Tasse Kaffee wach zu werden für die Herausforderungen des Tages und war schon fast irritiert, dass an diesem Tag nicht mal ein klitzekleines Rollköfferchen durch den großzügigen Hinterhof gezogen wurde. Plötzlich ging's völlig unvermittelt voll zur Sache: »Maaaaaamaaaaaaaaaa ich will nicht, dass du gehst!« Schrie ein kleiner Bub, und rannte seiner wegradelnden Mutter hinterher. Die Mutter hielt an und erklärte (!) ihrem Sohn: »Noah, ich muss doch zur Arbeit. Geh zurück in die Wohnung, ich muss doch Geld verdienen ... « Der Bub schrie unbeeindruckt weiter. Klar, wie soll er denn mit noch nicht mal drei Jahren die Notwendigkeit vom Geldverdienen begreifen?!

Die Mutter, die sicher auch zu den Spätgebärenden gehörte, wollte weiter radeln, und ließ ihren Buben ohne tröstende Worte, schreiend und weinend mitten im Hof stehen. Eine junge Nachbarin erschien auf einmal völlig empört am Fenster und brüllte am Rande eines Nervenzusammenbruchs: »RUHE!« Worauf die Kindsmutter fassungslos von so viel Kälte nur Folgendes entgegen brüllte: »Wer war das?! Wer war das?! Das ist ja unfassbar! Was bilden Sie sich eigentlich ein?! Lassen Sie meinen Sohn in Ruhe!« … und nun wieder zu ihrem Buben: »Noah, geh jetzt heim – ich muss jetzt echt los!« … Sie radelte weg und ließ das arme Noah-Menschlein im Innenhof.

Wir Außenstehenden bleiben ratlos und sprachlos zurück. Wir fragen uns, weshalb diese Mama denn unbedingt zur Arbeit muss, wenn sie doch merkt, wie sehr ihr Sohn darunter leidet. Wir erstarren innerlich, wenn wir Kinder hören, die ihre Eltern vor Verzweiflung anflehen bei ihnen zu bleiben. Wir fragen uns, wer denn nun da ist für die Noahs von heute, für die Anna-Lenas und Leopolds dieser neuen Welt. Wie kommen Kleinkinder denn eigentlich wieder in eine Wohnung? Verteilen Mamas an ihre zweijährigen denn heute schon Schlüsselbänder mit Haustürschlüssel und Stellen einen Schemel vor die Wohnungstür? Wahrscheinlich ist das wieder ok, wenn es sich dabei um Fair-Trade oder Designerteile handelt … Wartet da jemand in der

Wohnung auf Noah? Kommt vielleicht eine Leihoma vom Granny-Service?

Was sich hier abspielte, haben Sie sicher auch schon erlebt. Man wundert sich nur, warum die Eltern ihre Kinder einerseits bereits beim ersten Sonnenstrahl mit Lichtschutzfaktor 50 eincremen, und mit Sonnenhüten à la ‚Lawrence von Arabien' dekorieren, und andererseits am langen Arm emotional verkrüppeln lassen. Eltern wollen doch immer nur das Beste für ihr Kind, nicht wahr?! Warum lassen sie dann ihre Nachfolger völlig im Stich? Warum übertragen sie jegliche Entscheidungen, von der Bestellung im Lokal über die Wahl des Urlaubsorts bereits ihren Kindern im Krippenalter? Ist das noch zu begreifen?

Junge Frauen schreien nach Ganztagsschulen. Alle wollen ihre Kleinen so bald wie möglich aus dem Haus haben. Manche Eltern drängen ihre Mäuschen sofort in die totale Überforderung. Was in heutigen Vorschulen angeboten wird, ist noch nie da gewesen. Aus jedem Garten eine Blume. Was, Ihr Kind hat noch keine Grundkenntnisse in Französisch und Englisch?! Das hätten Sie aber bereits ab der neunten Woche trainieren müssen! Versetzen Sie sich doch mal in die Lage eines neuen Erdenbürgers. Hätten Sie als Kind denn schon ein durchgeplantes Leben haben wollen? Sofern Sie das Glück einer unbeschwerten Kindheit genossen haben, erinnern Sie sich doch mal an das Sommerferien-

Gefühl, an die Nachbarschaftsbande, an dreckige Hosen und Rollenspiele mit den Freunden. Für all diese Dinge mangelt es den ‚Kids' von heute an Zeit und Fantasie. Sie können nur noch bespielt werden. Ist ja kein Wunder, wenn man ihnen bereits als Kleinkind einen Touchscreen vor die Nase hält. Natürlich gibt es nach wie vor Ausnahmen, und darüber können wir überaus froh sein.

Eltern brüsten sich mit der Medienkompetenz der Tochter, die bereits auf drei sozialen Netzwerken Kontakte für die berufliche Zukunft macht. Wie genau die Zukunft aussieht, das möchte man lieber gar nicht wissen, bei den Fotos im Online-Profil! Ihre Mama hat die Bilder von Tochter Claire im Bikini während des Familien-Badeurlaubs auf Kreta gleich selbst ins Netz geladen. Die Mama veröffentlicht auch jeden Tag mindestens ein Foto im Tagesoutfit und mit lasziver Pose der neunjährigen Claire. Das Elternhaus sorgt sich um die Tochter, behütet und beschützt sie, hat Angst vor Kinderschändern, und liefert denen mit dem Bildmaterial die besten Vorlagen. Es ist eine seltsame Wirklichkeit, in der wir uns heute befinden.

Mamas kaufen ihren Töchtern vom Abiturballkleid bis zur Snowboard-Ausrüstung heute alles nach. Brüsten sich damit, wenn sie beim Ausgehen häufiger angebaggert werden als die Tochter. Tragen die Haare wie ihr Kind, und wundern sich darüber, dass die Tochter mit 18 Jahren das Weite sucht.

Lasst die Kinder wieder Kind sein, und lasst ihnen ein unbeschwertes Leben so lange dies möglich ist. Ablassgeschenke, Bestechungsurlaube und noch eine zusätzliche Spielkonsole können auf keinen Fall ein gesundes Umfeld für Kinder ersetzen. Fördern Sie Ihre Kinder lieber, mit gesundem Essen, genug Schlaf, lassen Sie sie wieder draußen toben und lesen Sie Ihnen tolle Geschichten vor – das reicht oft schon aus. Schade nur, dass das schon seit geraumer Zeit nichts mehr gilt. Denn Kinder sind zu Konsumgütern geworden, die man sich einfach bestellt. Sofern sie geliefert werden, hüllt man sie in bunte Kleider, benutzt sie gekonnt als Accessoire. Hat man keine Lust mehr auf die Mini-Menschen, wendet man sich vertrauensvoll an die Kinderfrau aus Osteuropa. Den dazugehörigen Mann wirft man nach Möglichkeit schon vorher raus, der stört in der heutigen perfekten Familie scheinbar genauso wie die männliche Ameise die Ameisenkönigin.

Wenn es irgendwie geht, muss aber aus Prestige-Gründen doch wieder ein Vorzeigeobjekt her. Findet sich sicher einer, der die Kids total süß findet. Seit Til Schweiger die Kinder so zauberhaft im Kino promotet, klappt das immer besser. Für die Gesellschaft sind Konstellationen nicht mal mehr seltsam. Was ist denn schon dabei, wenn die Nachbarin sich innerhalb von vier Jahren zum zweiten Mal scheiden lässt? Wir nehmen es hin, dass Kinder ihre leiblichen Eltern nicht kennen. Wir finden es normal, dass alle machen, worauf sie Lust haben. Wir bejubeln Eltern, die ihre Kinder in die Ecke stellen, und erst um Mitternacht wieder nach Hause holen, weil ihnen finanzieller Wohlstand und gesellschaftliches Ansehen mehr am Herzen liegen als eine intakte und solide Familie.

Es ist erbärmlich, wie wir vor die Hunde gehen. Ohne Gefühl, ohne Menschlichkeit und ohne Herz. Egal ob Sie eine Familie haben oder nicht, zeigen Sie sich nicht nur als materielle konsumgeile Party-Puppen! Müssen die All-inclusive-Urlaube wirklich noch sein? Wollen Sie mit ihren SUVs nach wie vor kleine Kinder vor dem Kindergarten beinahe zu Tode fahren, weil Sie nicht über das Lenkrad blicken können? Wollen Sie ein Leben lang nur shoppen, um am Ende der Saison alles wieder in den extra bestellten Müllcontainer zu werfen? Glauben Sie wirklich, dass irgendwelche Kurse auf Lesbos Sie ihrer echten inneren Mitte auch nur einen Millimeter näher bringen?

Ich hoffe, dass Sie ab jetzt wieder mehr Ihr Herz einsetzen, und sich auf die wirklich wichtigen Dinge im Leben konzentrieren. Pflegen Sie die Beziehung zu ihren Beloved-Ones. Lernen Sie es, wahre Freundschaften entstehen zu lassen, ohne jegliche Zweckgebundenheit, einfach nur der Menschen wegen. Seien sie lieb zu Kindern, auch wenn Sie sich beschissen aufführen, schuld sind deren Eltern, die ihr Herz noch im Stand-by-Modus haben.

Reflektieren Sie selbst, was Sie als gut und böse befinden. Lösen Sie sich von Bilderbuchvorlagen, die ohne eine Einschränkung funktionieren. Lernen Sie es zu leben und ganz wichtig, haben Sie Freude daran!

Herzlichst Ihre
Freya Frauenknecht

Freya Frauenknecht

ÜBER DIE AUTORIN

Die Geschichtenerfinderin, Beobachterin und nomadische Denkerin Freya Frauenknecht ist Autorin von *Mädelsdämmerung* und *Abgestempelt*. Sie studierte Internationales Management mit Abschluss BA, anschließend Abschluss MBA. Beruflich war sie von der Luxusbranche bis über den Finanzsektor aktiv. Lebensstationen führten sie nach Budapest und New York City. Sowohl inhaltlich, als auch formal, sind ihre Texte bewusst skizzenhaft und spiegeln die Frische der Konversation von Digital Natives wider.

Freya Frauenknecht
Abgestempelt

Dating mit Köpfchen
Essays. 160 Seiten. Paperback.
ISBN 978-3-943237-51-1

Mit *Abgestempelt* schafft Frauenknecht die Basis für die Liebe. Augenzwinkernd bietet die Autorin von *Mädelsdämmerung* Orientierung in der Geschlechterrealität. Frauenknecht vertritt einen klaren Standpunkt zu den Themen Lifestyle, Männer-Bashing und Bitchsein. Besonders unterhaltsam sind die Beispiele aus dem wirklichen Leben, die heutige Beziehungs- und Erwartungsmuster offen thematisieren. Das Buch zeigt neue Blickwinkel auf und enthält Praxistipps für den Alltag.

Paperback und E-Book sind im **Internationalen Kulturverlag München** erschienen.
www.kulturverlag.com

www.ingramcontent.com/pod-product-compliance
Lightning Source LLC
Chambersburg PA
CBHW051757040426
42446CB00007B/412